O BENEFÍCIO DE PENSÃO POR MORTE DO RGPS

O BENEFÍCIO DE PENSÃO POR MORTE DO RGPS

DÂNAE DAL BIANCO

Procuradora do Estado de São Paulo.
Bacharel em Direito pela USP e em Administração de Empresas pela Fundação Getúlio Vargas. Mestre em Direito da Seguridade Social pela USP

O BENEFÍCIO DE PENSÃO POR MORTE DO RGPS

LTr EDITORA LTDA.
© Todos os direitos reservados

Rua Jaguaribe, 571
CEP 01224-001
São Paulo, SP — Brasil

Fone (11) 2167-1101
www.ltr.com.br

Produção Gráfica e Editoração Eletrônica: RLUX
Projeto de capa: FABIO GIGLIO
Impressão: DIGITAL PAGE

LTr 4626.8
Setembro, 2012

Dados Internacionais de Catalogação na Publicação (CIP)
(Câmara Brasileira do Livro, SP, Brasil)

Dal Bianco, Dânae
  O benefício de pensão por morte do RGPS / Dânae Dal Bianco. — São Paulo : LTr, 2012.

  Bibliografia
  ISBN 978-85-361-2241-0

  1. Beneficiários 2. Benefícios (Direito previdenciário) 3. Direito previdenciário - Brasil 4. Pensão por morte - Brasil 5. Previdência social 6. Regime Geral de Previdência Social (RGPS) I. Título.

12-08018   CDU-34:368.414(81)

Índice para catálogo sistemático:

  1. Brasil : Regime Geral de Previdência Social : Benefício de pensão por morte : Direito previdenciário 34:368.414(81)
  2. Brasil : Regime Geral de Previdência social : Pensão por morte : Beneficiários : Direito previdenciário 34:368.414(81)

Ao Renato,
A quem amo desde o primeiro momento em que o vi

À Olívia,
A quem amo desde antes de a ver

Ao Renato,
A quem amo desde o primeiro momento em que o vi.

À Olivia,
A quem amo desde antes de a ver.

AGRADECIMENTOS

Esta obra é produto de minha dissertação de Mestrado apresentada à Faculdade de Direito da Universidade de São Paulo em 2011, tendo-lhe sido acrescentadas as sugestões da banca examinadora integrada pelos Profs. Drs. Sérgio Pinto Martins, Ari Possidônio Beltran e Francisco Pedro Jucá.

A realização deste trabalho só foi possível em virtude da participação de inúmeras pessoas, antes e depois de meu ingresso no programa de pós-graduação da USP. Manifesto minha profunda gratidão a todos os que participaram, direta e indiretamente, desse processo. Não tentarei mencioná-las todas aqui, pois certamente esqueceria diversas delas.

Gostaria, no entanto, de registrar expressamente meu imenso agradecimento a certas pessoas, pela especial participação no desenrolar dessa jornada.

Ao Professor Dr. Sergio Pinto Martins, pelo voto de confiança ao me aceitar como sua orientanda e por todo o apoio ao longo deste processo.

A todos os colegas de mestrado, pela colaboração mútua e troca de experiências que, sem dúvida alguma, em muito enriqueceram este trabalho.

À amiga de todas as horas, Sílvia Helena Serra, pelo exemplo, pelo incentivo, pelo apoio absoluto à minha vida acadêmica e por todas as dicas, orientações, ajudas e, como não bastasse, pela minuciosa revisão deste trabalho.

A Emerson Drigo da Silva, pelo apoio ao ingresso no mestrado e pela imensa amizade.

A José Cechin, pela inestimável oportunidade de termos trabalhado juntos, por compartilhar de coração aberto toda sua experiência e conhecimento acumulado ao longo de anos. O convívio e a troca de ideias foram decisivos para a existência deste trabalho.

A Sônia Regina Carzino, pelo que me ensinou nas diversas ocasiões em que trabalhamos juntas.

A todos os ex-colegas da Fundação Instituto de Pesquisas Contábeis, Atuariais e Financeiras — FIPECAFI, aos quais agradeço na pessoa de

Heraldo Gilberto de Oliveira e do Prof. Iran Siqueira Lima, por tudo que aprendi ao longo dos anos de trabalho, pela compreensão quando tive que me ausentar em razão dos compromissos de mestrado e pelo suporte ao meu desenvolvimento acadêmico.

A todos os amigos e colegas atuários, aos quais agradeço na pessoa de Luiz Cláudio Kogut, que muito me ensinaram sobre essa ciência. Se ainda patino no assunto, a responsabilidade é integralmente minha.

A todos os atuais colegas de Procuradoria Geral do Estado de São Paulo, pela maravilhosa acolhida e pela compreensão e apoio na reta final do mestrado.

E, em especial,

À minha irmã Bianca, sempre presente para ajudar e para colocar mais alegria na jornada que levou à conclusão deste trabalho.

À minha mãe Edel, que deixou muita saudade, mas, principalmente, deixou um exemplo de amor, perseverança e luta pela vida.

A meu pai Damaceno, por tudo que me ensinou e pelo apoio incondicional em todos os momentos.

Ao Renato, qualquer agradecimento seria pouco. Mas fica aqui o especial agradecimento pela infinita compreensão nas inúmeras horas em que o privei de minha companhia, e por estar sempre a meu lado, neste e em todos os desafios que a vida nos apresenta.

SUMÁRIO

Apresentação — Sergio Pinto Martins 11

Introdução 13

1. Histórico 17
    1.1. Caixas de aposentadorias e pensões 17
    1.2. Institutos de aposentadorias e pensões 20
    1.3. Lei Orgânica da Previdência Social 25
    1.4. PRÓ-RURAL 29
    1.5. Plano de Benefícios da Previdência Social — Lei n. 8.213/91, redação original 31
    1.6. Plano de Benefícios da Previdência Social — Lei n. 8.213/91, redação atualmente vigente 35

2. A pensão por morte no ordenamento jurídico brasileiro 37
    2.1. A pensão por morte na Constituição de 1988 37
    2.2. A pensão por morte como política da Previdência Social 38
    2.3. Cobertura 39
    2.4. Prestação 57
    2.5. Custeio 62
    2.6. Administração 64

3. Alguns tópicos de relevância sobre o benefício previdenciário de pensão por morte 65
    3.1. A emancipação e o limite etário de 21 anos para o recebimento da pensão por filhos e irmãos, face ao Novo Código Civil 65
    3.2. O direito à pensão até os 21 anos para o menor tutelado 69
    3.3. O casamento e a perda do direito à pensão 70
    3.4. A pensão por morte e a presunção da dependência econômica 74
    3.5. A pensão do ex-cônjuge ou ex-companheiro(a) e seus limites 82
    3.6. A pensão do menor sob guarda 86
    3.7. A pensão equivalente à integralidade do valor da aposentadoria 90

3.8. A não exigência de carência 98

3.9. A acumulação da pensão por morte com qualquer outro benefício previdenciário 100

4. Importância social e econômica do benefício de pensão por morte 102

4.1. Representatividade do benefício de pensão por morte nos números do RGPS 102

4.2. Valores e população abrangida 105

4.3. A importância do benefício como fonte de renda da população idosa 111

Conclusões — Propostas para reformulação do benefício 117

Referências Bibliográficas 123

APRESENTAÇÃO

Dânae Dal Bianco apresentou este trabalho como requisito para a obtenção do título de mestre no Departamento de Direito do Trabalho da Faculdade de Direito da USP. Foi aprovada pela banca por unanimidade, como não poderia deixar de ser.

A autora trabalhou na Fundação Instituto de Pesquisas Contábeis, Atuariais e Financeiras (FIPECAFI). Suas pesquisas, quando trabalhava na Fundação, trouxeram muitas das informações e gráficos do presente trabalho. Atualmente, é Procuradora do Estado de São Paulo.

O estudo supre omissão na literatura especializada sobre pensão por morte, pois não conheço livro sobre o tema. Há muitos artigos analisando um ou alguns dos diversos aspectos sobre o assunto, mas não um livro tratando de toda a pensão por morte.

O histórico do livro trata da evolução da pensão por morte no curso do tempo. Posteriormente, a autora analisa a pensão por morte partindo da Constituição de 1988, que inova no sentido de que a pensão é devida tanto ao homem quanto à mulher, e não apenas à mulher, como anteriormente.

Diversos aspectos polêmicos são analisados no trabalho, como o fato de o pensionista passar a ter mais de 21 anos, do casamento como perda do direito à pensão, da pensão do menor sob guarda, da não exigência de carência, da acumulação da pensão com outros benefícios, da maioridade aos 18 anos com o Código Civil de 2002 e a perda da pensão, etc.

Não há dúvida em relação à importância social e econômica do benefício da pensão por morte, que também é examinada pela autora. As pessoas com idade avançada dependem da pensão por morte para sobreviver, que serve para pagar aluguel, condomínio, despesas da casa e, ainda, a alimentação. Vejo os exemplos da minha mãe e da minha sogra, que moram sozinhas, vivem da pensão e têm o dinheiro muitas vezes contado para fazer frente às despesas do mês. Não têm outra fonte de renda. O benefício foi idealizado para proteger a família, compreendendo o cônjuge supérstite e os dependentes.

A autora apresenta suas propostas para o aperfeiçoamento do instituto, que são importantes, diante da reforma que o Ministério da Previdência propõe fazer na pensão por morte, como de idade mínima do cônjuge supérstite, período de carência, porcentual menor do que os 100% atuais, em razão de que uma pessoa da família faleceu.

Com certeza, o livro será muito útil e proveitoso para todos os que estudam a Previdência Social. Recomendo-o, portanto, a todos os estudiosos e parabenizo a editora por publicá-lo.

Sergio Pinto Martins
Desembargador do TRT da 2ª Região. Professor titular de Direito do Trabalho da Faculdade de Direito da USP.

INTRODUÇÃO

O tema deste livro diz respeito a um dos mais importantes e relevantes benefícios da Previdência Social em nosso País e em outros sistemas de seguridade social: o benefício de pensão por morte.

A pensão por morte destina-se a colaborar financeiramente para que pessoas que perderam o ente familiar responsável pelo seu sustento tenham meios de continuar sua jornada.

É um benefício destinado à proteção da família, base de nossa sociedade. O amparo à família, à criança, ao adolescente, ao jovem e ao idoso são valores reconhecidos constitucionalmente, componentes essenciais do princípio da dignidade da pessoa humana.

O benefício de pensão por morte é devido aos dependentes do segurado falecido, fosse este ativo ou aposentado. A legislação define quem são os segurados do sistema previdenciário que, ao falecerem, podem gerar o direito àquele benefício; quem são seus dependentes que poderão se habilitar a recebê-lo; a forma de cálculo do valor do benefício; as regras de seu pagamento e de sua extinção.

Destacam-se três facetas desse benefício que demonstram sua grande relevância.

Primeiro, o prisma do beneficiário, aquela pessoa, ou grupo de pessoas, que tem no benefício previdenciário sua única ou principal fonte de rendimentos e sem a qual estaria relegada a engrossar as estatísticas da miséria. Além de relevante para o indivíduo que recebe o benefício, esta faceta é também importante para toda a sociedade, pois reduz os níveis de miséria e pobreza em nosso país e tende a se mostrar um importante instrumento na busca pela paz social.

A segunda faceta aparece sob o prisma financeiro. Conforme será apresentado, os valores pagos a título de pensão por morte no Regime Geral de Previdência Social representam a segunda maior parcela dos gastos desse regime, apenas atrás dos benefícios de aposentadoria. Trata-se de uma importantíssima rubrica no orçamento público, que merece ser objeto de atenção não apenas dos administradores do Regime, como também de toda a sociedade, que é quem o financia por meio das contribuições sociais que recolhe.

Por fim, a pensão por morte, como um dos principais benefícios da Previdência Social, deve ser estruturada de forma justa e deve responder adequadamente à evolução social do país. Os requisitos e critérios adotados para a concessão, cálculo e extinção do benefício devem ser consistentes e isonômicos. Esta seria sua terceira faceta, que poderíamos chamar de justiça na sua estruturação e adequação à atual realidade social.

Neste contexto, a presente obra objetiva estudar em detalhes o benefício previdenciário de pensão por morte do Regime Geral de Previdência Social no Brasil, com destaque para alguns pontos atualmente em debate doutrinário e jurisprudencial. São abordadas relevantes questões jurídicas envolvendo este benefício, como a aparente antinomia entre o limite etário que habilita o filho ao recebimento da pensão por morte face à idade da maioridade definida pelo novo Código Civil; os reflexos que a redução da maioridade, operada em 2003, trouxe a questões como a emancipação e a tutela tendo em vista as regras específicas desse benefício no Regime Geral de Previdência Social; a existência ou não de direito ao recebimento da pensão pelo menor sob guarda; a necessidade de comprovação da dependência econômica para habilitação ao recebimento do benefício; a fórmula de cálculo da renda inicial do benefício e outros temas que merecem atenção dos operadores do direito.

Na análise de algumas dessas questões buscou-se identificar como a situação é tratada em outros sistemas de Previdência Social. Por suposto, a análise empreendida das regras jurídicas desses sistemas estrangeiros não se pretende tão abrangente e detalhada como a análise do sistema brasileiro. O singelo objetivo é ter pontos de referência para comparação das regras atualmente vigentes no Brasil, a fim de subsidiar o debate técnico acerca da necessidade de uma reforma dessas regras e, se positivo, em que sentido.

Aspectos como a extinção do benefício de pensão por morte em face de novo casamento do pensionista, a concessão de pensão temporária a jovens viúvos(as) e os critérios de definição do valor do benefício são alguns pontos para os quais se buscou conhecer a experiência estrangeira. Os países escolhidos para análise dividem-se em dois grupos: países europeus, com sistemas de seguridade social consolidados e usualmente reconhecidos como paradigmas de proteção social, e países latino-americanos, que possuem uma realidade social e laboral mais próxima à brasileira. No primeiro grupo, foram pesquisadas as normas vigentes na Alemanha, Espanha, França, Grã-Bretanha, Itália, Portugal e Suécia; no segundo, na Argentina, Chile, Colômbia, México, Peru, Uruguai e Venezuela. No total, foram selecionados 14 países para pesquisa, escolhidos por sua relevância econômica e social regional, com o objetivo de se traçar um panorama sobre como alguns dos temas abordados nesta obra são tratados nas legislações estrangeiras.

Este livro está dividido em **seis seções,** sendo a primeira esta introdução. A **segunda** traça um histórico da organização da Previdência Social no Brasil e, especificamente, do tratamento dado ao longo do tempo ao benefício de pensão por morte, e a **terceira** seção apresenta o conceito do benefício e detalha seus atuais contornos jurídicos. A **quarta** seção apresenta alguns aspectos do benefício, de relevância para os operadores do direito e, nos casos em que cabível, comenta a experiência internacional sobre tais questões. Na **quinta** seção apresentam-se dados quantitativos, buscando mostrar a importância deste benefício previdenciário e seu impacto nas finanças públicas, enquanto a **última** é dedicada ao esboço de uma proposta para reformulação legal desse benefício, consubstanciando as conclusões dos estudos apresentados nas seções anteriores.

1

HISTÓRICO

1.1. Caixas de aposentadorias e pensões

Iniciando com uma breve retrospectiva da evolução histórica da Previdência Social no Brasil, vemos que até 1888 a economia nacional era baseada preponderantemente na agricultura com trabalho escravo, o que por si só excluía qualquer preocupação com o seguro social.[1] Cesarino Jr. chama esse período de "pré-história" do direito social brasileiro.[2] Após a Lei Áurea, estabeleceu-se um período marcado pelo liberalismo econômico e anti-intervencionismo estatal e a Constituição de 1891 não incluía o direito do trabalho e a previdência social entre as matérias sobre as quais competia à União legislar. A partir da Primeira Guerra, a indústria desenvolveu-se, o país ingressou na OIT e começaram a ser tomadas medidas legislativas tendentes à proteção do trabalhador.

Em 1923 foi publicada a Lei Eloy Chaves (Decreto n. 4.682, de 24.1.1923), que assim ficou conhecida devido ao deputado paulista que apresentou o projeto e batalhou por sua aprovação, sendo usualmente apontada como o marco inicial da previdência social brasileira.[3]

A Lei Eloy Chaves criou uma Caixa de Aposentadoria e Pensões (CAP) junto a cada uma das empresas ferroviárias para fornecer proteção aos respectivos empregados, mediante contribuição dos empregados e das

---

(1) SÜSSEKIND, Arnaldo. *Previdência social brasileira*. São Paulo: Livraria Freitas Bastos, 1955. p. 59.
(2) CESARINO JR., A. F. *Direito social brasileiro*. 6. ed. Ampliada e atualizada com a colaboração de Marly A. Cardone. v. 1. São Paulo: Saraiva, 1970. p. 77.
(3) Conforme, entre outros, ASSIS, Armando de Oliveira. *Compêndio de Seguro Social*. Rio de Janeiro: Fundação Getúlio Vargas, 1963. p. 160; BARROS JR., Cássio de Mesquita. *Previdência social urbana e rural*. São Paulo: Saraiva, 1981. p. 30; CESARINO JR., A. F. *Direito social brasileiro*. 6. ed. Ampliada e atualizada com a colaboração de Marly A. Cardone. v. 1. São Paulo: Saraiva, 1970. p. 263; CORREIA, Marcus Orione Gonçalves; CORREIA, Erica Paula Barcha. *Curso de direito da seguridade social*. 3. ed. rev. ampliada e atualizada. São Paulo: Saraiva, 2007. p. 13; LEITE, Celso Barroso; VELLOSO, Luiz Assumpção Paranhos. *Previdência social*. Rio de Janeiro: Zahar Editores, 1963. p. 117; MARTINEZ, Wladimir Novaes. *Princípios de direito previdenciário*. 3. ed. São Paulo: LTr, 1995. p. 25; MARTINS, Sergio Pinto. *Direito da seguridade social*. 24. ed., 2ª reimpressão. São Paulo: Atlas, 2007. p. 7; OLIVEIRA, Moacyr Velloso Cardoso de. *A previdência social brasileira e a sua nova Lei Orgânica*. Rio de Janeiro: Distribuidora Record Editora, 1961. p. 24.

respectivas empresas e, também, com recursos oriundos de um aumento no preço das tarifas ferroviárias. Os benefícios abrangiam assistência médica, aposentadoria em razão do tempo de serviço e da idade, aposentadoria por invalidez e pensão aos beneficiários do segurado falecido.

As CAPs eram organizadas por empresa de determinado setor econômico e região e tinham administração autônoma na forma de colegiado com participação de representantes dos empregados e empregadores.[4] Os benefícios eram custeados por contribuições descontadas dos empregados e contrapartida do empregador, não existindo participação financeira do Estado.[5] Esse sistema operava em regime financeiro de capitalização, ou seja, as contribuições eram acumuladas em contas próprias para financiar o pagamento dos benefícios devidos aos respectivos segurados.

Conforme previsto na Lei Eloy Chaves, o benefício de pensão por morte era devido aos dependentes do empregado falecido: viúva,[6] viúvo inválido, filhos, pais e irmãs solteiras, fazendo jus ao benefício na ordem de sucessão legal.[7] Note-se que a Lei só concedia direito ao benefício aos dependentes do empregado, aposentado ou ativo, que contasse com, no mínimo, 10 anos de serviço efetivo na empresa, exceto quando o falecimento decorresse de acidente de trabalho, caso em que não havia carência (arts. 26 e 27 da Lei Eloy Chaves).

O valor do benefício era de 50% da aposentadoria percebida ou daquela a que tinha direito o falecido, ou de 25% quando o empregado falecido tivesse mais de 10 e menos de 30 anos de serviço efetivo. Em caso de falecimento por acidente, o valor da pensão era sempre correspondente a 50% da aposentadoria (art. 28 da Lei Eloy Chaves). A aposentadoria ordinária, por sua vez, era calculada com base na média dos salários dos últimos cinco anos do empregado e variava entre aproximadamente 90% e 60% dessa média, dependendo da faixa de remuneração do empregado (art. 11 da Lei

---

(4) LEITE; VELLOSO. *Op. cit.*, p. 130 e 133.
(5) No sistema da Lei Eloy Chaves, o empregado contribuía com 3% da remuneração, mais o valor de uma remuneração a título de joia (pagamento no momento do ingresso no plano) e o empregador com 1% sobre a receita bruta. Além disso, as tarifas dos serviços prestados foram aumentadas em 1,5%, cujo valor era repassado à CAP.
(6) Chama a atenção que, em 1923, a Lei Eloy Chaves contemplava a inexistência de direito a pensão por morte caso a viúva estivesse divorciada do segurado no momento do falecimento. Conforme texto legal disponível na página da internet do Senado Federal, a redação do parágrafo único do art. 33 da Lei Eloy Chaves é: *"Paragrapho unico. Não tem direito à pensão a viuva que se achar divorciada ao tempo do fallecimento"*. Porém o divórcio somente foi admitido em nossa legislação em 1977 (Lei n. 6.515). Na pesquisa realizada para elaboração desta obra não foi encontrada referência doutrinária ou jurisprudencial acerca da interpretação conferida a tal disposição legal.
(7) Conforme art. 1.603 do Código Civil então vigente, a sucessão legítima deferia-se na ordem seguinte: I — aos descendentes; II — aos ascendentes; III — ao cônjuge sobrevivente; IV — aos colaterais.

Eloy Chaves). Portanto, a pensão correspondia a um valor entre 45% e 15% da média das remunerações dos últimos cinco anos de trabalho do falecido.

Eram previstas três hipóteses de extinção do benefício: (1) casamento do pensionista, aplicável no caso de viúvo(a), pais, filhas e irmãs solteiras; (2) ao completar 18 anos, no caso de filhos; e (3) em todos os casos, na ocorrência de "vida desonesta" ou "vagabundagem" do beneficiário (art. 33 da Lei Eloy Chaves). Não era permitido o acúmulo de duas ou mais pensões, podendo o beneficiário optar pela que lhe fosse mais conveniente (art. 30 da Lei Eloy Chaves).

A tabela a seguir ilustra os requisitos e características do benefício, do custeio e da administração desse sistema na época da Lei Eloy Chaves.

Tabela 1 — Benefício Previdenciário de Pensão por Morte na Lei Eloy Chaves — Decreto Legislativo n. 4.682/23

	Lei Eloy Chaves — Decreto Legislativo n. 4.682/23	
Cobertura	Risco protegido	Falecimento do empregado ativo ou aposentado.
	Segurados	Empregados ativos da respectiva empresa ou ex-empregados aposentados.
	Carência	Empregado deve contar com 10 ou mais anos de efetivo serviço na empresa. Não há carência em caso de falecimento por acidente.
	Beneficiários	a) Viúva b) Viúvo inválido c) Filhos (até 18 anos) d) Filhas solteiras e) Irmãs solteiras f) Pais
Prestação	Valor do benefício	50% da aposentadoria recebida ou daquela a que teria direito. 25% da aposentadoria recebida ou daquela a que teria direito quando o empregado tivesse entre 10 e 30 anos de efetivo serviço. 50% da aposentadoria recebida ou daquela a que teria direito sempre que o falecimento decorresse de acidente.
	Rateio entre os beneficiários	Conforme ordem de sucessão hereditária.
	Acumulação de benefícios	Proibida a acumulação de duas ou mais pensões. Não há referência à vedação de acumular pensão e aposentadoria ou pensão e remuneração.
	Extinção do direito à pensão	Viúva: pelo casamento Viúvo inválido: pelo casamento Filhos: ao completar 18 anos Filhas solteiras: pelo casamento Irmãs solteiras: pelo casamento Pais: pelo casamento Todos os beneficiários: em caso de vida desonesta ou vagabundagem
	Recálculo da pensão quando da extinção do direito à pensão por um dos beneficiários	Não há informação.

	Lei Eloy Chaves — Decreto Legislativo n. 4.682/23	
Custeio	Contribuições	Empregados: 3% sobre remuneração e joia, paga no ingresso no plano, no valor de uma remuneração Empregadores: 1% sobre receita bruta Sociedade: Aumento das tarifas cobradas dos usuários dos serviços em 1,5%
Administração	Regime financeiro	Capitalização
	Organização	Caixas de Aposentadorias e Pensões, organizadas por empresa. Gestão não estatal. Administrada por Conselho de Administração com representantes do empregador e dos empregados.

1.2. Institutos de aposentadorias e pensões

Em 1933 ocorreu uma mudança estrutural no sistema previdenciário brasileiro.[8] O Decreto n. 22.872, de 29 de junho de 1933, criou o Instituto de Aposentadoria e Pensões dos Marítimos (IAPM), abrangendo todos os trabalhadores de todas as empresas que, em qualquer ponto do território nacional, exercessem atividade de marinha mercante.[9] O sistema que antes era organizado por empresa passou a ser estruturado por categoria profissional e ter âmbito nacional.

No ano seguinte, foram criados os Institutos de Aposentadorias e Pensões dos Comerciários (IAPC) (Decreto n. 24.273/34), dos Trabalhadores em Trapiches e Armazéns de Café (Decreto n. 24.274/34), dos Operários Estivadores (Decreto n. 24.275/34)[10] e dos Bancários (IAPB) (Decreto n. 24.615/34). Em 1936 foi criado o Instituto de Aposentadoria e Pensões dos Industriários (IAPI) (Lei n. 367/36), que veio a ser o maior de todos eles.

Enquanto as "Caixas", mesmo as maiores, têm seu campo de ação restrito dentro dos limites de uma única empresa, ou de uma só atividade profissional, de limites relativamente pequenos, quer em

---

(8) Leite e Velloso (op. cit., p. 121) comentam as razões dessa mudança, dentre elas a multiplicidade de pequenas instituições, poucas delas com o número mínimo de seguros necessários ao seu funcionamento, e, simultaneamente, a existência de um grande número de trabalhadores à margem da proteção previdenciária. Assis (op. cit., p. 162) também relata problemas semelhantes.
(9) LEITE; VELLOSO. Op. cit., p. 121.
(10) Estas duas últimas "mantinham impropriamente a denominação de Caixas, porquanto representavam entidade de âmbito nacional para o seguro social dos trabalhadores em carga e descarga e dos estivadores portuários, respectivamente." (SÜSSEKIND. Op. cit., p. 63). Somente em 1938 é que a denominação veio a ser alterada para IAPE e IAPETC. Assis (op. cit., p. 161), Barros Jr. (op. cit., p. 32), Leite e Velloso (op. cit., p. 121) e Oliveira (op. cit., p. 25) também afirmam que desde suas criações essas Caixas eram, na realidade, Institutos.

número, quer em distribuição pelo território nacional; os "Institutos" abrangem um número ilimitado de empresas, ou uma atividade profissional de grandes proporções numéricas e distribuída amplamente por todo o país.[11]

Os Institutos eram entidades autárquicas, com personalidade jurídica própria, subordinados ao Ministério do Trabalho, Indústria e Comércio.[12] A filiação dos trabalhadores ao Instituto de sua respectiva categoria era obrigatória, já aos comerciantes sob firma individual e aos sócios e dirigentes das empresas era facultativa.[13] Os benefícios eram aposentadoria por idade (também denominada "aposentadoria por velhice"), aposentadoria por invalidez, aposentadoria ordinária, pensão por morte e, em alguns institutos, auxílio-doença, auxílio-maternidade, auxílio-funeral, assistência médica, hospitalar e farmacêutica e pecúlio. O financiamento dos benefícios dava-se mediante contribuição dos empregados, empregadores e, adicionalmente, contribuição a cargo do Estado (atendendo ao que determinava a Constituição de 1934 — art. 121, § 1º, alínea h).[14] A gestão dos Institutos era tripartite, com representantes do governo, dos empregadores e dos empregados, em igual número.[15]

Cada Instituto submetia-se a legislação própria e havia diferenças nos benefícios a que os segurados tinham direito.

Delimitaremos nossa análise, a seguir, às regras do Instituto de Aposentadoria e Pensões dos Industriários — IAPI, definidas na Lei n. 367/36.

A pensão era devida aos beneficiários dos associados ativos ou aposentados que tivessem pago dezoito ou mais contribuições mensais (art. 7º, alínea c da Lei n. 367/36), sendo este prazo de carência reduzido posteriormente para doze.[16] A exceção à exigência de carência era prevista em caso de falecimento por acidente do trabalho ou moléstia profissional, ou na hipótese de o associado falecer no gozo de auxílio-doença ou aposentadoria

---

(11) OLIVEIRA, Moacyr Velloso Cardoso de. *Noções de legislação de previdência e do trabalho*. Rio de Janeiro: ABC, 1937. p. 25-6.
(12) *Ibid.*, p. 28.
(13) *Ibid.*, p. 33.
(14) *Ibid.*, p. 15-17. A título de exemplo, no regime do IAPI, os empregados contribuíam com valor entre 3% e 8% da remuneração mensal, e empregadores e União deveriam aportar valor equivalente.
(15) LEITE; VELLOSO. *Op. cit.*, p. 138.
(16) SÜSSEKIND. *Op. cit.*, p. 192; LEITE; VELLOSO. *Op. cit.*, p.124. Costa menciona que no regime do IAPC a carência para acesso ao benefício era, inicialmente, vinte e quatro contribuições mensais, tendo sido posteriormente também reduzida a doze contribuições (COSTA, Décio Ribeiro. *Manual dos contribuintes do I.A.P.C.* Rio de Janeiro: Record, 1959. p. 125).

por invalidez, já que estes benefícios, em alguns casos, eram concedidos independentemente de período de carência.[17]

Os beneficiários eram, na seguinte ordem e desde que dependessem economicamente do associado (art. 9º da Lei n. 367/36):[18]

    a) viúva, viúvo inválido, filhas solteiras ou inválidas, filhos menores de 18 anos ou inválidos;[19]

    b) mãe ou pai inválido;

    c) irmãs solteiras ou inválidas e irmãos menores de 18 anos ou inválidos;

    d) na falta dos beneficiários acima, a pessoa sem relação de parentesco expressamente designada (se do sexo masculino, menor de 18 anos ou inválida; se do sexo feminino, solteira ou inválida).

Essa relação de beneficiários era reflexo da estrutura social e econômica predominante na época: os homens eram os provedores e as mulheres cuidavam da casa e da família. Assim, era natural que a pensão para filhos, irmãos e beneficiários designados fosse extinta quando completassem 18 anos — quando os rapazes deveriam ter sua formação completa e buscar sua colocação no mercado de trabalho; ao passo que as filhas, irmãs e beneficiárias designadas tinham direito a benefício vitalício enquanto solteiras.

Isto explica, também, a razão do marido somente ter direito ao benefício se fosse inválido. Caso tivesse capacidade para o trabalho, presumia-se que sua esposa não trabalharia, e mesmo que trabalhasse, seria por *hobby* ou caridade, não havendo que falar em recebimento de auxílio financeiro por seu marido caso ela falecesse. O mesmo se aplica ao caso dos pais: o pai somente tinha direito ao benefício se fosse inválido, já a mãe sempre tinha direito a ele.

A pensão equivalia a 50% do valor da aposentadoria (em gozo ou da aposentadoria por invalidez a que teria direito no momento do falecimento) e não poderia ser inferior a 35% do salário mínimo local (arts. 57 e 58 do Decreto n. 1.918/37).[20] Esse valor era dividido em metade ao viúvo(a) e metade aos filhos; não havendo viúvo(a), era rateado em partes iguais aos dependentes habilitados.

---

(17) SÜSSEKIND. *Op. cit.*, p. 193.
(18) OLIVEIRA. *Op. cit.*, p. 43-44.
(19) O art. 9º da Lei n. 367/36 fala em "filhos menores ou inválidos". Porém, quando se analisam as hipóteses de extinção do direito à pensão (art. 63 do Decreto n. 1.918/37), nota-se que pensionistas do sexo feminino (filhas, irmãs ou designadas) somente perdem direito ao benefício ao se casarem.
(20) SÜSSEKIND. *Op. cit.*, p. 197.

A perda do direito à pensão implicava a extinção da quota daquele beneficiário, que deixava de ser paga, exceto no caso de viúvo(a), hipótese em que sua quota reverteria aos filhos beneficiários da pensão, caso houvesse (art. 64 do Decreto n. 1.918/37).[21]

Interessante notar que a Lei n. 367/36, art. 8º, previa que os benefícios concedidos ficavam sujeitos a revisão periódica de forma a assegurar a plena estabilidade do Instituto, podendo, com base em estudos atuariais, haver redução ou aumento dos benefícios concedidos em até 20%. Havia, portanto, previsão legal de redução do valor de benefícios regularmente concedidos, desde que motivada pela necessidade de garantir a sustentabilidade do regime previdenciário, ainda que a Constituição de 1934 assegurasse o respeito aos direitos adquiridos.[22]

Este benefício e as demais características aplicáveis ao regime do IAPI estão resumidos na tabela seguinte.

Tabela 2 — Benefício Previdenciário de Pensão por Morte no IAPI — Lei n. 367/36

	Instituto de Aposentadorias e Pensões dos Industriários — IAPI — Lei n. 367/36	
Cobertura	Risco protegido	Falecimento do associado ativo ou aposentado.
	Segurados	Trabalhadores na indústria manufatureira ou de transformação, qualquer que fosse a forma de remuneração.
		Admitida somente a inscrição de segurados entre 14 e 50 anos, e submetidos a inspeção de saúde para comprovar que não estavam em "precárias condições de saúde".
		Empregadores industriais eram segurados facultativos.
	Carência	18 contribuições mensais (depois reduzida para 12). Não há carência em caso de falecimento por acidente do trabalho ou moléstia profissional, ou se o associado faleceu no gozo de auxílio-doença ou aposentadoria por invalidez.
	Beneficiários	a) viúva, viúvo inválido, filhas solteiras ou inválidas, filhos menores de 18 anos ou inválidos;
		b) mãe ou pai inválido;
		c) irmãs solteiras ou inválidas e irmãos menores de 18 anos ou inválidos:
		d) na falta dos beneficiários acima, a pessoa designada (se homem, menor de 18 anos ou inválido; se mulher, solteira ou inválida).
		A existência de beneficiários de uma classe exclui o direito daqueles das demais classes.

---

(21) *Ibid.*, p. 198.
(22) Na pesquisa efetuada, não se encontrou referência doutrinária ou jurisprudencial acerca de episódio em que tal permissivo legal tenha sido levado a efeito, nem discussões acerca de sua eventual inconstitucionalidade.

Instituto de Aposentadorias e Pensões dos Industriários — IAPI — Lei n. 367/36	
Prestação	
Valor do benefício	50% do valor da aposentadoria (em gozo ou da aposentadoria por invalidez a que teria direito no momento do falecimento), não podendo ser inferior a 35% do salário mínimo local.
Rateio entre os beneficiários	Metade ao viúvo(a) e metade aos filhos. Não havendo viúvo(a), em partes iguais entre os beneficiários.
Acumulação de benefícios	Não é possível acumular pensões, devendo o beneficiário escolher a que preferir. Não há impedimento à acumulação de pensão com aposentadoria ou outras rendas.
Extinção do direito à pensão	Falecimento do beneficiário, matrimônio (no caso de beneficiário do sexo feminino), ao atingir 18 anos (no caso de filhos, irmãos e pessoas designadas do sexo masculino), ou ao cessar a invalidez (no caso de inválidos).
Recálculo da pensão quando da extinção do direito à pensão por um dos beneficiários	A perda do direito à pensão implica extinção da quota, exceto caso se trate de viúvo/a, hipótese em que sua quota reverte aos filhos, se houver.
Custeio	
Contribuições	Associados: de 3% a 8% da remuneração mensal, limitada a um teto. Empresas: mesmo valor de contribuição que os empregados. União: mesmo valor de contribuição que os empregados. Aposentados: nos mesmos percentuais e limites que os empregados ativos.
Regime financeiro	Capitalização
Administração	
Organização	Institutos de Aposentadorias e Pensões (Autarquias) organizados por atividade econômica, de abrangência nacional. Presidente do Instituto nomeado pelo Presidente da República. Conselho Fiscal com representantes de empregados e empregadores. Subordinado à fiscalização do Ministério do Trabalho, Indústria e Comércio.

Os contornos jurídicos do benefício de pensão por morte, nos outros Institutos, eram semelhantes. Costa[23] descreve o regime do IAPC e aponta que uma diferença relevante é que, neste, o valor da pensão era composto por uma quota familiar, equivalente a 30% do valor da aposentadoria do associado (ou da aposentadoria por invalidez a que teria direito no momento do falecimento) e tantas quotas individuais, equivalentes a 10% da aposentadoria, quantos fossem os dependentes habilitados à pensão, sendo que o valor total do benefício não poderia ser inferior a 50% da aposentadoria, nem a 35% do salário mínimo da localidade. O valor assim calculado era rateado em partes iguais entre todos os beneficiários.

Apesar das semelhanças, não havia uniformidade nos planos de benefícios de cada um dos Institutos. A situação chegava a ser "muito confusa

---

(23) COSTA. *Op. cit.*, p. 130.

pois, possuindo cada Instituto uma legislação própria, os direitos e deveres dos beneficiários eram diferentes conforme sua filiação a este ou aquele órgão."[24] Os IAPs foram originados de diplomas legais diferentes, consequentemente operavam de forma distinta. Assis[25] e Leite e Velloso[26] relatam a existência de ineficiências administrativas, duplicidade de estruturas e serviços, dispersão de recursos, aumento de gastos, conflitos entre as instituições e problemas para os trabalhadores que mudavam de emprego e eram obrigados a mudar de Instituto, bem como a convivência de situações de acumulação de benefícios e de inexistência de serviços; em suma, uma situação bastante confusa, decorrente das significativas diferenças nos direitos dos segurados.

Com o passar do tempo, mostrou-se ser necessária a uniformização da legislação aplicável, bem como sua unificação administrativa, com a criação de um instituto único para todos os trabalhadores. Nas décadas de 40 e 50, houve alguns movimentos nesse sentido, com destaque para a Lei Orgânica dos Serviços Sociais (Decreto-Lei n. 7.526/45), que, apesar de aprovada, não chegou a ser implementada, e o Decreto n. 35.448/54, editado por Getúlio Vargas em seus últimos dias, que buscava uniformizar o sistema previdenciário, mas que foi em seguida revogado pelo Decreto n. 36.132/54.[27]

1.3. Lei Orgânica da Previdência Social

Após mais de duas décadas de regimes previdenciários diferenciados por categoria profissional, a Lei Orgânica da Previdência Social (LOPS) — Lei n. 3.807, de 26 de agosto de 1960, unificou as regras aplicáveis a todos os trabalhadores, estendendo a abrangência do sistema a "todos os que exercem emprego ou atividade remunerada no território nacional" (art. 2º, inc. I, da LOPS). Ficaram excluídos apenas os servidores públicos civis e militares que estivessem sujeitos a regimes próprios de previdência, os trabalhadores rurais e os empregados domésticos, sendo que estas duas últimas categorias vieram a ser incluídas no regime da Previdência Social posteriormente. A partir desse momento, todos os segurados da Previdência estavam submetidos ao mesmo plano de benefícios e de custeio.

A pensão por morte era devida aos dependentes do segurado que houvesse contribuído por, no mínimo, 12 meses (art. 36 da LOPS), dispensada a carência em caso de falecimento decorrente de acidente de trabalho ou de determinadas doenças graves (art. 64, § 4º, da LOPS).

---
(24) CESARINO JR. *Op. cit.*, p. 264.
(25) ASSIS. *Op. cit.*, p. 163/166.
(26) LEITE; VELLOSO. *Op. cit.*, p. 121-130/132.
(27) *Ibid.*, p. 193 *et seq.*

Os dependentes do segurado eram (art. 11 da LOPS):[28]

a) Esposa,[29] marido inválido, filhos menores de 18 anos ou inválidos, filhas solteiras menores de 21 anos ou inválidas. Equiparavam-se aos filhos, mediante declaração escrita do segurado, o enteado, o menor que estivesse sob a sua guarda por determinação judicial e o menor sob sua tutela, desde que não possuísse bens próprios para sustento e educação.[30] A partir de 1973 (Lei n. 5.890/73), foi incluída neste rol a companheira que vivesse há mais de 5 anos com o segurado;

b) pai inválido e mãe;

c) irmãos menores de 18 anos ou inválidos e irmãs solteiras menores de 21 anos ou inválidas;

d) pessoa expressamente designada pelo segurado, que vivesse sob sua dependência econômica, inclusive a filha ou irmã maior solteira, viúva ou desquitada; sendo do sexo masculino, deveria ser menor de 18 anos ou maior de 60 ou inválida. Esta pessoa tinha direito ao benefício somente na falta de dependentes mencionados no item (a) ou se, por motivo de idade, condições de saúde ou encargos domésticos, não pudesse angariar meios para o seu sustento.

Foi neste momento que, na Previdência Social, extinguiu-se o direito automático à pensão vitalícia para filhas e irmãs solteiras. Porém, na prática, esse tipo de benefício continuava existindo, já que o segurado poderia indicá-las como beneficiárias designadas, visto que não havia limite etário ou exigência de invalidez para instituição de beneficiário do sexo feminino.

Aqui também a relação de beneficiários refletia a estrutura social predominante na época, em que o mercado de trabalho ainda era predominantemente masculino, apesar de já se ter avanços na participação feminina. Havia tratamento diferenciado entre os sexos: filhos e irmãos tinham direito ao benefício somente até completar 18 anos — idade em que deveriam buscar seu ingresso no mercado de trabalho, ao passo que as filhas e irmãs mantinham o direito até 21 anos — quando deveriam estar casando. Da mesma forma, permanecia a regra antes existente: o viúvo somente receberia o benefício se fosse inválido, presumindo-se que a falecida esposa o sustentava, ao passo que a viúva sempre o recebia, aplicando-se a mesma regra ao pai e à mãe.

Em 1973 a companheira foi incluída no rol de dependentes, época em que, provavelmente, a existência de relações não formalizadas entre homem e mulher com o objetivo de constituir família tenha se tornado uma realidade

---

(28) Ao longo dos anos, este rol sofreu pequenas alterações, assim como a ordem de prevalência de uma classe sobre as outras e também alterações na possibilidade de concorrência de dependentes ao mesmo benefício (Decreto-Lei n. 66/66 e Lei n. 5.890/73).
(29) Inicialmente, o cônjuge desquitado não tinha direito ao benefício. Posteriormente, foi incluído no rol de beneficiários desde que recebesse pensão alimentícia do falecido e não tivesse abandonado o lar há mais de 5 anos ou, no caso de mulher, não tivesse abandonado o lar há menos tempo e se recusado a voltar (art. 14, alterado pela Lei n. 5.890/73).
(30) Esses equiparados foram incluídos pelo Decreto-Lei n. 66/66.

social tão significativa a ponto de não ser possível ignorá-la. O grau de proteção conferido à companheira era inferior ao da esposa, o que indicava ainda existir privilégio às relações matrimoniais havidas conforme a lei e os costumes: exigia-se que o segurado tivesse expressamente declarado a companheira como beneficiária designada e comprovado a convivência mínima de 5 anos ou a existência de filho em comum (Decreto n. 77.077/76, art. 14), requisitos que não eram exigidos para a esposa.

Porém, mesmo em bases mais precárias, tal direito somente foi conferido à companheira, ficando o companheiro, ainda que inválido, sem direito a benefício em caso de falecimento de sua consorte.

A dependência econômica das pessoas enumeradas na primeira categoria era presumida, e as demais deveriam comprová-la (art. 13 da LOPS). Uma importante alteração que a LOPS trouxe, conforme nos informa Barros Jr., é que até então a legislação exigia que a dependência econômica fosse exclusiva.

> [A LOPS] aboliu o termo "exclusiva", referindo-se, simplesmente, a "dependência econômica". Dessa modificação se depreende que, no conceito mais moderno, a "dependência econômica" é a ajuda substancial, permanente, necessária, cuja supressão acarreta sensível redução no padrão de vida do dependente.[31]

Como regra, a existência de dependentes de uma classe excluía o direito ao benefício dos enumerados nas classes seguintes (art. 12 da LOPS).

O valor da pensão era composto por uma parcela familiar, igual a 50% do valor da aposentadoria do segurado, mais tantas parcelas de, cada uma, 10% do valor da mesma aposentadoria quantos fossem os dependentes do segurado, até o máximo de 5, sendo que o valor assim calculado não poderia ser inferior a 35% do salário mínimo local (arts. 37 e 23, § 4º, da LOPS). Por sua vez, a aposentadoria por tempo de contribuição correspondia a valor entre 80% e 100% da média dos últimos doze salários sobre os quais o segurado contribuíra[32] (arts. 32 e 23 da LOPS), e a aposentadoria por invalidez ou por "velhice" era de 70% dessa média, acrescida de 1% por cada ano de contribuição realizado, até o máximo de 100% (arts. 27, § 4º e 30 da LOPS). Portanto, se houvesse apenas um dependente habilitado à pensão, o valor desta poderia variar entre 42% e 60% da média das últimas doze remunerações de contribuição do segurado.

Esse valor era rateado em partes iguais entre todos os dependentes habilitados (art. 37, parágrafo único, da LOPS), sistemática alterada em 1973

---

(31) BARROS JR. *Op. cit.*, p. 146.
(32) Após 30 anos de serviço, o segurado do sexo masculino tinha direito à aposentadoria equivalente a 80% dessa média, acrescida de 4% por cada ano de serviço adicional, até o máximo de 100% da média. Para seguradas mulheres, a aposentadoria por tempo de serviço era de 100% da média aos 30 anos de serviço. Em todos os casos, era necessária idade mínima de 55 anos, exigência que foi suprimida em 1962 pela Lei n. 4.130/62.

pela Lei n. 5.890/73, que definiu que o cônjuge, desquitado ou não, que recebesse pensão alimentícia, teria direito a receber, a título de pensão por morte, valor equivalente ao da pensão alimentícia recebida em vida, destinando-se o remanescente da pensão à companheira ou ao dependente designado (art. 38, § 2º, da LOPS).

As hipóteses de extinção do benefício eram o falecimento do pensionista, o casamento da pensionista do sexo feminino, o alcance da idade limite de 18 ou 21 anos (no caso de pensionistas do sexo masculino e feminino, respectivamente), ou ao cessar a invalidez (art. 39 da LOPS). Com a extinção de uma quota, o valor da pensão era recalculado e redistribuído entre os pensionistas remanescentes (art. 40 da LOPS). Porém, a partir de 1973, com o advento da Lei n. 5.890/73, a reversão passou a operar somente quando o número de pensionistas ultrapassasse cinco, de forma que, quando existissem cinco ou menos pensionistas, o valor da pensão pago ao conjunto de beneficiários passaria a efetivamente diminuir conforme estes perdessem a qualidade de dependentes.[33]

A tabela abaixo apresenta a visão geral deste benefício na LOPS.

Tabela 3 — Benefício Previdenciário de Pensão por Morte na LOPS (Lei n. 3.807/60)

Lei Orgânica da Previdência Social — LOPS — Lei n. 3.807/60		
Cobertura	Risco protegido	Falecimento do segurado, aposentado ou não.
	Segurados	Todos os que exercem emprego ou atividade remunerada no território nacional (incluindo trabalhadores autônomos e avulsos), salvo as exceções expressamente consignadas na LOPS (estas são, em termos gerais, os servidores públicos e os trabalhadores rurais).
	Carência	12 contribuições mensais, exceto em caso de falecimento por acidente de trabalho ou determinadas doenças graves.
	Beneficiários	a) esposa, marido inválido, filhos até 18 anos ou inválidos, filhas solteiras até 21 anos ou inválidas; b) companheira que vivesse há mais de 5 anos com o segurado; c) pai inválido e mãe; d) irmãos até 18 anos ou inválidos e irmãs solteiras até 21 anos ou inválidas; e) pessoa expressamente designada pelo segurado, que viva sob sua dependência econômica (se do sexo masculino, até 18 anos ou maior de 60 ou inválida). As primeiras classes têm preferência sobre as demais, exceto algumas possibilidades de concorrência entre as classes.

(33) RUSSOMANO, Mozart Vitor. *Curso de previdência social*. 2. ed. revista e atualizada. Rio de Janeiro: Forense, 1983. p. 258-259.

Lei Orgânica da Previdência Social — LOPS — Lei n. 3.807/60	
Prestação	
Valor do benefício	50% do valor da aposentadoria + 10% por dependente habilitado, até o máximo de 5 dependentes (100%).
Rateio entre os beneficiários	Dividido de forma igual entre todos os dependentes habilitados à pensão.
Acumulação de benefícios	Permitida a acumulação de pensão com outros benefícios previdenciários e outras rendas.
Extinção do direito à pensão	• falecimento do pensionista • casamento do pensionista do sexo feminino • ao completar 18 ou 21 (homens e mulheres, respectivamente) • ao cessar a invalidez
Recálculo da pensão quando da extinção do direito à pensão por um dos beneficiários	Com a extinção de uma quota, o valor da pensão era recalculado e redistribuído entre os pensionistas remanescentes. A partir da Lei n. 5.890/73 só há reversão quando houver mais de cinco pensionistas.
Custeio	
Contribuições	Segurados: 8% sobre a remuneração. Autônomos e facultativos contribuíam inicialmente com 8% e depois com 16% (Decreto-Lei n. 66/66). Empresas: equivalente à dos segurados; a base de cálculo é sujeita ao limite mínimo de um salário mínimo e máximo de cinco, posteriormente aumentado para dez (Decreto-Lei n. 66/66) e depois para vinte (Lei n. 5.890/73). União: o necessário para cobrir despesas administrativas e as insuficiências financeiras verificadas. Aposentados: contribuição de 5% dos proventos entre Lei n. 5.890/73 e Lei n. 6.210/75. Pensionistas e beneficiários de auxílio-doença: contribuição de 2% sobre valor do benefício entre Lei n. 5.890/73 e Lei n. 6.210/75.
Regime financeiro	Repartição simples.
Administração	
Organização	Instituto Nacional de Previdência Social – INPS (a partir de 1966; até então havia 6 Institutos), autarquia federal vinculada ao Departamento Nacional de Previdência Social do Ministério do Trabalho, Indústria e Comércio.

Com a uniformização da legislação previdenciária, restava a unificação administrativa, que ocorreu em 1966 com a fusão dos seis IAPs então existentes no Instituto Nacional de Previdência Social (INPS) (Decreto-Lei n. 72, de 21 de novembro de 1966).[34]

1.4. PRÓ-RURAL

Até o final da década de 60, os trabalhadores rurais estiveram à margem do sistema previdenciário brasileiro. Em 1969 foi criado o Plano Básico de

---

(34) Nesse meio-tempo permaneceram um plano de benefícios e custeio unificado e diversas instituições administradoras (6 Institutos).

Previdência Social Rural e, em 1971, consolidado o Programa de Assistência ao Trabalhador Rural — Pró-Rural, mediante a Lei Complementar n. 11/71, posteriormente alterada pela Lei Complementar n. 16/73.

Consideravam-se dependentes do trabalhador rural as mesmas pessoas previstas na LOPS (art. 3º, § 2º da LC 11/71), portanto, resumidamente:[35]

a) esposa, marido inválido, filhos até 18 anos ou inválidos, filhas solteiras até 21 anos ou inválidas, companheira que vivesse há mais de 5 anos com o segurado;

b) pai inválido e mãe;

c) irmãos até 18 anos ou inválidos e irmãs solteiras até 21 anos ou inválidas;

d) pessoa expressamente designada pelo segurado, que vivesse sob sua dependência econômica e, se do sexo masculino, deveria ser menor de 18 anos ou maior de 60 ou inválida.

O valor do benefício de pensão por morte do trabalhador rural equivalia a 30% do salário mínimo de maior valor no país (art. 6º da LC n. 11/71), tendo sido aumentado para 50% a partir de janeiro de 1974 (art. 6º da LC n. 16/73).[36] A pensão era paga, em seu valor global, ao dependente que, com o falecimento do "chefe ou arrimo" da família, tivesse assumido essa função no núcleo familiar. Não havia redução no valor da pensão caso um dependente perdesse essa qualidade (art. 6º, § 1º da LC n. 16/73).

Não era permitida a acumulação da pensão com aposentadoria por idade ou por invalidez, podendo o "chefe ou arrimo" da unidade familiar optar pela aposentadoria quando a ela fizesse jus (art. 6º, § 2º da LC n. 16/73).[37]

Na tabela seguinte, apresentam-se as características desse benefício.

Tabela 4 — Benefício Previdenciário de Pensão por Morte no PRÓ-RURAL

PRÓ-RURAL — Lei Complementar n. 11/71, com alterações da Lei Complementar n. 16/73	
Risco protegido	Falecimento do trabalhador rural chefe ou arrimo de família.
Segurados	Trabalhadores rurais (empregados, proprietários e produtores em regime de economia familiar), que tenham exercido atividade rural nos três últimos anos anteriores à data do pedido do benefício, ainda que de forma descontínua.
Carência	Três anos de atividade rural.
Beneficiários	a) esposa, marido inválido, filhos até 18 anos ou inválidos, filhas solteiras até 21 anos ou inválidas, companheira que vivesse há mais de 5 anos com o segurado; b) pai inválido e mãe; c) irmãos até 18 anos ou inválidos e irmãs solteiras até 21 anos ou inválidas; d) pessoa expressamente designada pelo segurado, que viva sob sua dependência econômica (se do sexo masculino, até 18 anos ou maior de 60 ou inválida).

(35) BARROS JR. *Op. cit.*, p. 141-2.
(36) *Ibid.*, p. 164.
(37) *Ibid.*, p. 166.

PRÓ-RURAL — Lei Complementar n. 11/71, com alterações da Lei Complementar n. 16/73	
Prestação Valor do benefício	30% do maior salário mínimo vigente no país, aumentada para 50% a partir de 1974.
Rateio entre os beneficiários	Paga ao novo chefe ou arrimo familiar.
Acumulação de benefícios	Vedada a acumulação com aposentadoria por velhice ou invalidez.
Extinção do direito à pensão	• falecimento do pensionista; • casamento do pensionista do sexo feminino; • ao completar 18 ou 21 (homens e mulheres, respectivamente); • ao cessar a invalidez.
Recálculo da pensão quando da extinção do direito à pensão por um dos beneficiários	O valor da pensão não sofria redução com a perda da qualidade de dependente por um dos pensionistas.
Custeio Contribuições	Produtor rural: 2% sobre o valor comercial dos produtos rurais. Empresas em geral: contribuição de 2,4% sobre o valor da folha de pagamentos.
Regime financeiro	Repartição.
Administração Organização	Administrado pelo Fundo de Assistência ao Trabalhador Rural — FUNRURAL. Natureza autárquica. Subordinado ao Ministério do Trabalho e Previdência Social. Conselho Diretor do FUNRURAL composto por representantes do governo e de Confederações representativas das categorias econômica e profissional agrárias.

1.5. Plano de Benefícios da Previdência Social — Lei n. 8.213/91, redação original

A Constituição de 1988 promoveu significativas mudanças em nosso sistema previdenciário. Em linhas gerais, a nova Carta aumentou o valor dos benefícios rurais, de meio para um salário mínimo, e reduziu a idade mínima para acesso à aposentadoria por trabalhadores rurais em relação aos urbanos (aqueles podem se aposentar 5 anos antes destes); criou o piso de um salário mínimo para todos os benefícios previdenciários; estabeleceu a forma de cálculo do benefício (média dos salários de contribuição dos últimos 3 anos); garantiu o direito à pensão por morte para os viúvos, bem como ao abono anual para todos os beneficiários, dentre outras medidas que buscaram melhorar a proteção previdenciária dos segurados, mas que impactaram diretamente o custo dos regimes previdenciários, tornando-os mais caros. "Como se pode ver, foram provisões generosas, baseadas nos valores da justiça social. Infelizmente, elas se mostraram muito caras ao longo do tempo."[38]

(38) BELTRÃO, Kaizô Iwakami; OLIVEIRA, Francisco Eduardo Barreto de. *The brazilian social security system*. Texto para Discussão n. 775. Brasília: IPEA, dezembro de 2000, p. 4 (tradução nossa).

Em 1990 a Lei n. 8.029/90 autorizou e o Decreto n. 99.350/90 criou o Instituto Nacional do Seguro Social (INSS), autarquia federal vinculada ao então denominado Ministério do Trabalho e da Previdência Social, mediante a fusão do Instituto de Administração da Previdência e Assistência Social (IAPAS) com o Instituto Nacional de Previdência Social (INPS).

As modificações introduzidas pela Constituição de 1988 foram regulamentadas em 1991 pelas Leis ns. 8.212/91 e 8.213/91, que dispõem sobre a organização e o custeio da Previdência Social e o Plano de Benefícios da Previdência Social, respectivamente. Chegou-se, assim, à verdadeira unificação da Previdência Social: um único plano de benefícios e custeio, administrado por uma única entidade.

Serão comentadas, a seguir, as regras vigentes no momento da edição da Lei n. 8.213/91, e, na próxima seção, a atual configuração do benefício, dada por essa lei com as alterações determinadas pelas Leis ns. 9.032/95, 9.528/97 e 9.876/98.

O Plano de Benefícios da Previdência Social alterou os contornos do benefício de pensão por morte, grande parte em decorrência de determinações da Constituição. Duas alterações significativas foram a equiparação entre os sexos (sejam homens ou mulheres, os dependentes do segurado passaram a ter idênticos direitos ao benefício) e a equalização do tratamento entre segurados urbanos e rurais. Outra modificação que essa lei trouxe foi a extinção da exigência de carência para concessão do benefício (art. 26, inc. I).

O rol de dependentes passou a ser (art. 16 da Lei n. 8.213/91):

a) o cônjuge, inclusive se divorciado ou separado judicialmente ou de fato, desde que recebesse pensão de alimentos; a(o) companheira(o); e o(a) filho(a), de qualquer condição, menor de 21 anos ou inválido, equiparando-se a filho, mediante declaração do segurado e desde que comprovada a dependência, o enteado, o menor sob guarda e o menor tutelado;

b) os pais;

c) o(a) irmão(ã), de qualquer condição, menor de 21 anos ou inválido;

d) a pessoa designada, menor de 21 ou maior de 60 anos ou inválida.

Esse novo rol de dependentes mostra um quadro compatível com a realidade social da época da nova Constituição. A participação das mulheres no mercado de trabalho — e consequentemente na Previdência Social — era fato consumado e a igualdade constitucional de tratamento entre os sexos consolidou anos de luta do movimento feminista.

Analisando o rol, nota-se que filhos, de qualquer sexo ou condição, passam a ter direitos iguais. A expressão "filhos de qualquer condição" abrange filhos legítimos, naturais, legitimados, reconhecidos, adulterinos e qualquer outra denominação que anteriormente pudesse ser empregada para diferenciar (muitas vezes pejorativamente) filhos havidos da relação de casamento dos havidos fora dela, e bem como, e principalmente, os filhos adotivos. Quanto ao limite etário para recebimento da pensão, esta lei passou a conferir o direito até o filho(a), irmão(ã) ou beneficiário(a) designado(a) completar 21 anos, ou seja, a mesma idade estabelecida para a maioridade civil pelo então Código Civil — pela legislação previdenciária anterior, o limite etário, no caso de pensionistas do sexo masculino, era 18 anos.

O marido, que antes somente teria direito à pensão se fosse inválido, após a Constituição passa a ter direito ao benefício sempre que sobreviver à sua esposa; e o companheiro, que antes sequer tinha direito, agora passa a ter. Outra significativa inovação: à união estável foi conferido o mesmo patamar de proteção previdenciária assegurado ao casamento civil. A exigência feita pela legislação anterior de expressa designação da companheira e vida em comum por ao menos 5 anos, ou prole comum, perde sua razão de ser. Passou-se a exigir, apenas, a caracterização de que ambos vivem em união estável, tal qual preconizada pelo art. 226, § 3º, da Constituição.

Assim como nas legislações anteriores, a existência de dependente de qualquer das classes excluía o direito dos dependentes das classes seguintes. Também mantendo a sistemática anterior, as pessoas mencionadas nos incisos II em diante do art. 16 da Lei n. 8.213/91 deveriam comprovar sua dependência econômica perante o segurado, ao passo que os relacionados no inciso I tinham-na presumida.

Também foi mantida a sistemática de cálculo do valor do benefício, composto de parcela familiar e parcela individual. Desta forma, o valor mensal da pensão por morte era constituído de uma parcela familiar de 80% do valor da aposentadoria que o segurado recebia ou a que teria direito, mais tantas parcelas de 10% do valor da mesma aposentadoria quantos fossem os seus dependentes, até o máximo de 2 (art. 75, alínea *a*, da Lei n. 8.213/91). No caso de falecimento decorrente de acidente de trabalho, a pensão equivalia a 100% do salário de benefício[39] ou do salário de contribuição[40] vigente no dia do acidente (art. 75, alínea *b*, da Lei n. 8.213/91). A aposentadoria, por seu turno, equivalia a 70% do salário de benefício para segurados com 25 ou 30 anos de serviço, mais 6% por ano de serviço adicional, até o máximo de 30

---

(39) Salário de benefício é o valor-base empregado para o cálculo dos benefícios previdenciários do segurado (com algumas exceções) e corresponde à média aritmética simples de todos os últimos salários de contribuição dos meses imediatamente anteriores ao do afastamento da atividade ou da data da entrada do requerimento, até o máximo de 36, apurados em período não superior a 48 meses (art. 29 da Lei n. 8.213/91). Está sujeito a limites mínimo (um salário mínimo) e máximo.
(40) Salário de contribuição é, em termos gerais, a remuneração recebida pelo segurado, empregada como base de cálculo para incidência da contribuição previdenciária (art. 28 da Lei n. 8.212/91). Está sujeito a limites mínimo (um salário mínimo) e máximo.

ou 35 anos de serviço (mulheres ou homens, respectivamente), conforme previsto no art. 53 da Lei n. 8.213/91. No caso de aposentadoria por idade, o valor era equivalente a 70% do salário de benefício, adicionado de 1% por cada ano de contribuição, até o máximo de 100%, nos termos do art. 48 da Lei n. 8.213/91. Portanto, existindo apenas um dependente habilitado à pensão por morte, esta variaria entre 63% e 90% da média dos últimos 36 salários de contribuição.

Havendo mais de um pensionista, o valor da pensão era rateado entre todos, em partes iguais, revertendo em favor dos demais a quota do pensionista que tivesse o direito ao benefício extinto, o que ocorria em caso de falecimento do pensionista, ao completar a idade limite (21 anos) ou ao cessar a invalidez (art. 77 da Lei n. 8.213/91). O casamento não era motivo de extinção do benefício.

A tabela abaixo apresenta, resumidamente, as principais características desse benefício quando publicado o Plano de Benefícios da Previdência Social.

**Tabela 5 – Benefício Previdenciário de Pensão
por Morte na Lei n. 8.213/91 (redação original)**

	Plano de Benefícios da Previdência Social — Lei n. 8.213/91	
Cobertura	Risco protegido	Falecimento do segurado, aposentado ou não.
	Segurados	Todos os que exercem atividade remunerada no território nacional, incluindo trabalhadores autônomos, avulsos, temporários, domésticos, empresários, trabalhadores e produtores rurais e assemelhados e servidores públicos não abrangidos por regime próprio. As exceções ao RGPS são os servidores civis abrangidos por RPPS e os militares.
	Carência	Não há carência.
	Beneficiários	I. o cônjuge (inclusive se divorciado ou separado judicialmente ou de fato, desde que receba pensão de alimentos), a(o) companheira(o) e o(a) filho(a)/ enteado(a)/ menor sob guarda/menor tutelado até 21 anos ou inválido; II. os pais; III. o(a) irmão(ã) menor de 21 anos ou inválido; IV. a pessoa designada, menor de 21 ou maior de 60 anos ou inválida. A existência de dependente de qualquer das classes exclui o direito dos dependentes das classes seguintes.
Prestação	Valor do benefício	80% do valor da aposentadoria + 10% por dependente habilitado, até o máximo de 2 dependentes (100%).
	Rateio entre os beneficiários	Dividido de forma igual entre todos os dependentes habilitados à pensão.
	Acumulação de benefícios	Permitida a acumulação de pensão com outros benefícios previdenciários e outras rendas.
	Extinção do direito à pensão	• falecimento do pensionista • ao completar 21 anos • ao cessar a invalidez
	Recálculo da pensão quando da extinção do direito à pensão por um dos beneficiários	Com a extinção de uma quota, o valor da pensão era recalculado e redistribuído entre os pensionistas remanescentes.

	Plano de Benefícios da Previdência Social — Lei n. 8.213/91	
Custeio	Contribuições	• Segurados: de 8% a 10% sobre a remuneração (conforme faixa de remuneração). • Autônomos, avulsos e facultativos: 10% ou 20% sobre a remuneração (conforme faixa de remuneração). • Empregador doméstico: 12% sobre as remunerações pagas. A base de cálculo das contribuições acima era sujeita a limite mínimo (um salário mínimo) e máximo. • Empresas: 20% das remunerações pagas aos segurados, mais adicional para financiar benefícios decorrentes de acidente no trabalho de 1%, 2% ou 3% sobre a folha, conforme o grau de risco da atividade empresarial. Instituições financeiras têm alíquota adicional de 2,5% da folha. • Empresas contribuem também com base no faturamento e lucro (2% da receita e 10% do lucro líquido). • Produtor rural: 3% da receita bruta de comercialização da produção. • União: valor fixado anualmente no orçamento, sendo responsável por cobrir as insuficiências financeiras verificadas.
	Regime financeiro	Repartição simples.
Administração	Organização	Instituto Nacional do Seguro Social — INSS, autarquia federal vinculada ao Ministério da Previdência Social. Conselho Nacional de Previdência Social com representantes do governo (4) e da sociedade civil (7), incluindo representantes de ativos, inativos e empregadores.

1.6. Plano de Benefícios da Previdência Social — Lei n. 8.213/91, redação atualmente vigente

Ao longo de seus quase vinte anos de vigência, a Lei n. 8.213/91 sofreu significativas alterações, algumas delas relacionadas ao benefício de pensão por morte. Neste tópico apresentaremos, de forma bastante resumida, essas modificações, com o intuito de finalizar a análise da evolução histórica desse benefício, deixando à seção seguinte a tarefa de analisar detalhadamente seus atuais contornos jurídicos.

O rol de dependentes foi alterado pelas Leis ns. 9.032/95 e 9.528/97 (conversão da Medida Provisória n. 1.523/96). A primeira exigiu o requisito não emancipação para que filhos e irmãos possam se habilitar ao recebimento do benefício e extinguiu a figura do beneficiário designado. A segunda excluiu da relação de dependentes o menor sob guarda.

Uma alteração de extrema relevância foi a mudança na forma de cálculo do benefício. Antes composto por uma parcela familiar de 80% e tantas parcelas de 10% quantos fossem os dependentes habilitados, atualmente corresponde à integralidade do valor da aposentadoria que o segurado recebia ou daquela a que teria direito se estivesse aposentado por invalidez na data de seu falecimento (art. 75 da Lei n. 8.213/91, com redação dada pela Lei n. 9.528/97).

O detalhamento das características jurídicas do benefício, incluindo a minuciosa abordagem dessas alterações, são o objeto da próxima seção.

2

A PENSÃO POR MORTE NO ORDENAMENTO JURÍDICO BRASILEIRO

2.1. A pensão por morte na Constituição de 1988

A Constituição de 1988 consagra um extenso rol de direitos e garantias fundamentais, incluindo direitos de ordem individual, coletiva, social, política e de nacionalidade. Também dedicou um Título à "Ordem Social" (Título VIII, arts. 193 a 232), a qual tem como base o primado do trabalho, e como objetivo o bem-estar e a justiça sociais.

A Seguridade Social é parte integrante da Ordem Social constitucional. É formada por um conjunto integrado de ações de iniciativa dos Poderes Públicos e da sociedade, destinadas a assegurar os direitos relativos à saúde, à previdência e à assistência social.

Dentre as ações da Previdência Social, previstas expressamente no plano constitucional, temos o benefício de pensão por morte, devido em caso de falecimento de segurado, homem ou mulher, ao cônjuge ou companheiro e dependentes, e sempre com valor mínimo de um salário mínimo (art. 201, V e § 2º).

No entanto, além de expressa previsão constitucional no Capítulo dedicado à Previdência Social, o benefício de pensão por morte encontra seu fundamento também no Capítulo VII desse mesmo Título VIII, que trata "Da Família, da Criança, do Adolescente, do Jovem e do Idoso".

A família é a base da sociedade brasileira e, constitucionalmente, tem especial proteção do Estado. Não há, legal ou constitucionalmente, uma definição clara e perfeitamente delimitada do que se entenda por "família", variando o conceito conforme o tempo, o espaço e o ramo do direito.[41]

A Constituição reconhece que há diversas possibilidades de configuração da entidade familiar. O Estado não interfere na organização e no planejamento familiar dos indivíduos. Além da figura familiar clássica oriunda do casamento — civil ou religioso — entre o homem e a mulher, composta por ambos e sua

---

(41) VENOSA, Sílvio de Salvo. *Direito civil, direito de família.* 7. ed. São Paulo: Atlas, 2007. v. 6, p. 1.

prole comum, há o reconhecimento de outras entidades familiares, que demandam o mesmo nível de proteção e reconhecimento do Estado, sem qualquer distinção: aquela formada pelo homem e mulher que convivem em união estável e a comunidade formada por quaisquer dos pais e seus descendentes (CRFB, art. 226, §§ 3º e 4º).

A Constituição também assenta que é dever da família, da sociedade e do Estado assegurar à criança, ao adolescente e ao jovem, com absoluta prioridade, o direito à vida, à saúde, à alimentação, à educação, ao lazer, à profissionalização, à cultura, à dignidade, ao respeito, à liberdade e à convivência familiar e comunitária, além de colocá-los a salvo de toda forma de negligência, discriminação, exploração, violência, crueldade e opressão (art. 227). Uma das formas priorizadas pelo Estado para implementar a proteção especial é a garantia dos direitos trabalhistas e previdenciários (CRFB, art. 227, § 3º, II).

Outra determinação constitucional que afeta o benefício em análise é a que veda qualquer tipo de discriminação ou diferenciação de direitos e qualificações entre os filhos, havidos ou não da relação do casamento, ou por adoção. Para fins previdenciários, filhos ou filhas do segurado, em qualquer situação, terão todos os mesmos direitos.

O benefício de pensão por morte está relacionado a todos esses preceitos constitucionais. Visa proteger a família e, em especial, as crianças e jovens que a compõem e, também, os idosos. Os dados que serão mostrados na seção 5 mostram que os beneficiários da pensão por morte dividem-se em dois grupos claramente identificados: crianças e jovens, de um lado, e idosos de outro. Neste último grupo, veremos que é preponderante a população feminina, pelas razões que serão oportunamente abordadas.

2.2. A pensão por morte como política da Previdência Social

A pensão por morte é um benefício inerente à previdência social. É difícil conceber um sistema de previdência social que não se preste a amparar as pessoas que dependiam do segurado falecido. Expressa a preocupação com o núcleo familiar mais próximo ao segurado, com aquelas pessoas que sofrerão impacto financeiro direto e significativo com o seu falecimento.

Esse benefício complementa a assistência solidária prestada pela família e visa a não só ampará-la, como proteger toda a comunidade. Há interesse de toda a sociedade em que, por exemplo, crianças cujo pai ou mãe faleceram tenham algum apoio financeiro para evitar que sejam compelidas a ingressar precocemente no mercado de trabalho, ou em que uma idosa viúva, que dependia economicamente de seu falecido marido, não venha a engrossar as fileiras dos miseráveis de nosso país.

A pensão por morte é um benefício que resulta de um evento de risco, ou seja, decorrente de uma situação inesperada, que pode acontecer a qualquer pessoa, mas em que não é possível determinar de antemão quando ocorrerá a um indivíduo especificamente. Mesmo sabendo que o falecimento é um evento certo, que acontecerá a todos e a cada um de nós, não sabemos quando nos apanhará; não sabemos se faleceremos enquanto ainda estivermos em idade ativa ou já aposentados — o que implica diferenças nos cálculos atuariais de financiamento do sistema previdenciário — e não sabemos se, ao falecer, deixaremos pessoas que dependam economicamente de nós.

Outros exemplos de eventos de risco amparados pelo sistema previdenciário são a invalidez (que poderá gerar direito ao benefício de aposentadoria por invalidez), a doença e o acidente (que poderão implicar auxílio-doença ou auxílio-acidente), o nascimento de filhos (salário-maternidade) e a reclusão (auxílio-reclusão).

Em oposição aos eventos de risco, temos os eventos programáveis, que são aqueles para os quais os indivíduos podem, com razoável precisão, calcular quando lhes acontecerão e programarem-se para isso. As aposentadorias por idade e por tempo de contribuição são eventos dessa categoria.

Nesta seção, são apresentadas as principais características do benefício previdenciário de pensão por morte vigentes no Regime Geral de Previdência Social, tomando-se por base a estrutura de análise proposta por Van Ginneken.[42] Este autor menciona que todo regime de seguridade social estrutura-se ao redor de quatro elementos: cobertura, prestações, financiamento e administração. Cada um deles é composto, por sua vez, de uma série de componentes que influenciam a eficácia com que se pode estender a cobertura social. Esta cobertura define-se não somente em relação ao número de pessoas protegidas, mas também em relação ao âmbito das prestações e seu valor.

2.3. Cobertura

A pensão por morte é uma prestação do Regime Geral de Previdência Social devida aos dependentes do segurado falecido. Envolve, assim, dois conceitos previdenciários, o de segurado e o de dependente.

---

(42) VAN GINNEKEN, Wouter. Extensión de la seguridad social. Políticas para los países en desarrollo. *Revista Internacional del Trabajo,* Genebra, OIT, v. 122, n. 3, p. 303-325, 2003.

Pode-se dizer que, em termos gerais, todas as pessoas que desenvolvem atividade laborativa remunerada em território nacional, e em algumas hipóteses inclusive fora dele, são segurados obrigatórios do Regime Geral de Previdência Social, exceto aqueles expressamente excluídos de sua abrangência, que são tão somente os servidores públicos titulares de cargo efetivo e os militares abrangidos por regime próprio de previdência social (art. 12 da Lei n. 8.213/91). Todos os demais trabalhadores, sejam contratados sob o regime da CLT ou trabalhadores avulsos, temporários, autônomos, domésticos, rurais, empresários, diretores não empregados, produtores rurais, membros de Conselhos de Administração e correlatos, membros de ordens religiosas, servidores públicos que ocupam exclusivamente cargo em comissão ou cargo temporário, empregados públicos, exercentes de mandato eletivo e trabalhadores rurais em regime de economia familiar (na agricultura, pecuária, pesca artesanal e extrativismo vegetal), bem como servidores públicos não abrangidos por regime próprio, são segurados obrigatórios do RGPS.

Além disso, qualquer pessoa maior de 16 anos, que não exerça atividade que a inclua como segurado obrigatório do RGPS ou de algum Regime Próprio de Previdência Social, pode se filiar voluntariamente, mediante contribuição — é a figura do segurado facultativo.[43]

Para que o indivíduo possa deixar pensão a seus dependentes é necessário que, na data do falecimento, ele tenha a qualidade de segurado do RGPS.[44] Por certo, enquanto alguém está desenvolvendo alguma atividade que o caracterize como segurado obrigatório ou enquanto está filiado como facultativo e regularmente recolhendo as contribuições, ele terá tal qualidade, bem como durante o gozo de qualquer benefício do RGPS.

Porém, em determinados períodos em que o segurado não está nem exercendo atividade que o vincule obrigatoriamente ao RGPS, nem contribuindo

---

(43) Note-se que a Lei n. 8.213/91, em seu art. 13, faz referência ao limite etário de 14 anos, porém com o advento da Emenda Constitucional n. 20/98, que alterou de 14 para 16 a idade mínima para ingresso no mercado de trabalho, prevalece o entendimento no sentido de que não pode haver vinculação dos adolescentes entre 14 e 16 anos, como facultativos, à previdência (MARTINS. *Op. cit.*, 2007. p. 108; HORVATH JR., Miguel. *Direito previdenciário.* 3. ed. São Paulo: Quartier Latin, 2003. p. 102; CASTRO, Carlos Alberto Pereira de; LAZZARI, João Batista. *Manual de direito previdenciário.* 3. ed. São Paulo: LTr, 2002. p. 55). O Decreto n. 3.048/99, que aprova o Regulamento da Previdência Social e regulamenta a Lei n. 8.213/91, incorpora este entendimento em seu art. 11.

(44) Encontra-se posicionamento doutrinário que afirma que, por não ser exigida carência para a concessão do benefício de pensão por morte, não haveria necessidade de se exigir qualidade de segurado, por ocasião do óbito, para deferimento do benefício (SANDIM, Emerson Odilon. *Temas polêmicos de direito previdenciário:* com soluções práticas. São Paulo: LTr, 1997. p. 84-89). Não nos parece ser adequado tal entendimento, pois trata-se de conceitos distintos, nada impedindo que não se exija carência, porém que se exija que o indivíduo participe regularmente do sistema.

facultativamente, nem em gozo de benefício, ele ainda manterá a qualidade de segurado — é o denominado período de graça, previsto no art. 15 da Lei n. 8.213/91, que corresponde a, como regra, até 12 meses após a cessação das contribuições para o segurado que deixar de exercer atividade remunerada abrangida pela Previdência Social ou estiver suspenso ou licenciado sem remuneração, sendo de até 24 meses se o segurado já tiver pago mais de 120 contribuições mensais sem interrupção que acarrete a perda da qualidade de segurado, e acrescido de mais 12 meses para o segurado comprovadamente desempregado. No caso de segurado facultativo, o período de graça é de até 6 meses após a cessação das contribuições.[45]

Se, na data do óbito, o indivíduo havia perdido a qualidade de segurado, seus dependentes não terão direito à pensão, salvo se o falecido já houvesse implementado os requisitos para obtenção de aposentadoria, mesmo que durante o período de graça. O que se opera, neste caso, é que o segurado havia adquirido direito a um benefício previdenciário, porém não o havia exercido. Seus dependentes podem exercê-lo, pleiteando diretamente a concessão da pensão por morte. Se não fosse assim, o dependente perderia o direito à pensão em razão da inércia do segurado.[46]

O fato que propicia o direito dos dependentes ao benefício previdenciário é o falecimento do segurado. Não só a morte real, efetiva e comprovada pelo documento hábil (Certidão de Óbito), como também a morte presumida, nas condições estabelecidas na legislação previdenciária, permitirão que os dependentes do segurado tenham acesso à pensão por morte.

No que tange à morte presumida, a Previdência Social adota um conceito próprio, distinto do que encontramos na legislação civil.[47] Pela dicção do art. 78 da Lei n. 8.213/91, a pensão por morte pode ser concedida, provisoriamente, após seis meses de ausência do segurado, declarada pela autoridade judicial competente, tendo início o pagamento do benefício a contar da data dessa decisão.[48] Tanto a declaração judicial quanto o prazo são dispensados mediante prova do desaparecimento do segurado em consequência de

---

(45) Há também período de graça de até 12 meses após cessar a segregação para o segurado acometido de doença de segregação compulsória; de até 12 meses após o livramento para o segurado retido ou recluso; e de até 3 meses após o licenciamento para o segurado incorporado às Forças Armadas para prestar serviço militar.
(46) CASTRO; LAZZARI. Op. cit., p. 529.
(47) GOES, Hugo Medeiros de. Manual de direito previdenciário. 3. ed. revista, ampliada e atualizada. Rio de Janeiro: Ed. Ferreira, 2009. p. 217.
(48) O STJ entende que a Justiça Federal é competente para decidir sobre a ausência por morte presumida para fins de pensão por morte (REsp 256.547/SP, CC 22.648/RJ, CC 20.120/RJ).

acidente, desastre ou catástrofe.⁽⁴⁹⁾ Em qualquer hipótese, verificado o reaparecimento do segurado, o pagamento da pensão cessará imediatamente, desobrigados os dependentes da reposição dos valores recebidos, salvo má-fé.

Com o falecimento do segurado, seus dependentes farão jus à pensão. Porém, não será todo e qualquer dependente, mas tão somente aqueles definidos como tal pela legislação previdenciária. Trata-se de um rol taxativo, previsto no art. 16 da Lei n. 8.213/91, abrangendo as seguintes pessoas:

I — o cônjuge, a(o) companheira(o) e o filho não emancipado, de qualquer condição, menor de 21 anos ou inválido;

II — os pais;

III — o irmão não emancipado, de qualquer condição, menor de 21 anos ou inválido.

Os dependentes mencionados na classe I compõem, via de regra, o núcleo familiar mais próximo ao segurado e são usualmente denominados dependentes preferenciais. Este *status* privilegiado implica, primeiro, que eles têm prioridade no recebimento do benefício, de modo que, havendo algum dependente dessa classe, os demais não terão direito ao benefício, e, segundo, que sua dependência em relação ao segurado é presumida, *jure et de jure*, independendo de comprovação pelo interessado e sendo, inclusive, vedada ao INSS a prova em sentido contrário.⁽⁵⁰⁾

Os demais dependentes, além de serem excluídos do direito ao benefício caso exista algum dependente de classe superior (o dependente da classe III não tem acesso ao benefício se houver dependente da classe II, e ambos não têm acesso ao benefício se houver dependente da classe I), devem obrigatoriamente comprovar perante o INSS que eram economicamente

---

(49) MARTINEZ. *Op. cit.*, 1997, p. 393-394, esclarece que o art. 78 da Lei n. 8.213/91 abrange duas situações que são em essência distintas: ausência é o afastamento do segurado do local habitual de convívio ou de trabalho, mas sem que se saiba de acidente ou desastre ligado a sua pessoa. No desaparecimento há ausência causada por desastre, ou seja, um evento material provocado ou não, e se tem conhecimento de que o segurado estava envolvido e presente naquele acontecimento e menciona como exemplos a queda de avião, afundamento de navio, incêndio, inundação, furacão, terremoto ou qualquer outro acontecimento semelhante, sem que seja possível localizar o corpo do segurado.
(50) MARTINS. *Op. cit.*, 2007. p. 295; MARTINEZ, Wladimir Novaes. *Comentários à Lei Básica da Previdência Social* — Tomo II — Plano de Benefícios: Lei n. 8.212/91, Decreto n. 2.172/97. 4. ed. São Paulo: LTr, 1997. p. 137; HORVATH JR. *Op. cit.*, p. 105; VIANNA, João Ernesto Aragonés. *Curso de direito previdenciário.* 3. ed. São Paulo: Atlas, 2010. p. 424; GONÇALES, Odonel Urbano. *Manual de direito previdenciário.* 12. ed. São Paulo: Atlas, 2007. p. 57. Em sentido contrário, CORREIA. *Op. cit.*, p. 221, e ROCHA, Daniel Machado da. O direito dos cônjuges e dos companheiros ao benefício de pensão por morte no Regime Geral. In: FOLMANN, Melissa; FERRARO, Suzani Andrade (coords.). *Previdência*: entre o direito social e a repercussão econômica no século XXI. Curitiba: Juruá, 2009. p. 93.

dependentes do segurado falecido por ocasião do óbito, mesmo que a dependência fosse parcial, desde que represente um auxílio substancial e permanente ao dependente. Este é o entendimento majoritário da doutrina[51] e reconhecido no Enunciado n. 13 do Conselho de Recursos da Previdência Social: "A dependência econômica pode ser parcial, devendo, no entanto, representar um auxílio substancial, permanente e necessário, cuja falta acarretaria desequilíbrio dos meios de subsistência do dependente." No entanto, Martinez[52] chama a atenção para a dificuldade em mensurar em que consiste a dependência econômica parcial, pois não há parâmetros objetivos para defini-la.

Há quem entenda que não deveria haver ordem de preferência entre as diversas classes de beneficiários, pois não há razão para se afirmar que "o cônjuge 'vale mais' que uma mãe idosa ou um irmão inválido, por exemplo",[53] sugerindo que todos os dependentes fossem colocados em pé de igualdade, com direitos idênticos ao benefício, devendo todos comprovar a dependência econômica perante o segurado.

Começaremos a análise dos dependentes que compõem a primeira classe. Estudar-se-á o tratamento jurídico aplicável ao cônjuge, companheiro(a), concubino(a), companheiro(a) homossexual, filho, enteado, menor tutelado, filho ou equiparado inválido, filho ou equiparado emancipado e menor sob guarda. Em seguida, serão abordados os dependentes previstos nas demais classes: pai e mãe e irmãos. Ao final deste tópico, serão abordados temas correlatos, como inscrição de dependentes e carência para obtenção do benefício.

Na primeira classe de dependentes está o cônjuge, ou seja, a pessoa casada com o segurado na forma da legislação civil, com quem mantenha vida em comum na data do falecimento. Esta segunda condição decorre do § 1º do art. 76 da Lei n. 8.213/91, que garante ao cônjuge ausente (separado de fato) o direito à pensão por morte desde que comprove a dependência econômica perante o segurado. O cônjuge ausente assemelha-se, assim, ao ex-cônjuge ou ex-companheiro(a), que poderão figurar como dependentes do segurado, desde que recebam pensão alimentícia deste (art. 76, § 2º da Lei n. 8.213/91), concorrendo em igualdade de condições com os dependentes da classe I.[54]

---

(51) MARTINS. Op. cit., 2007. p. 295; MARTINEZ. Op. cit., 1995. p. 562; CORREIA. Op. cit., p. 221-2 e 293; HORVATH JR. Op. cit., p. 109; COIMBRA, J. R. Feijó. Direito previdenciário brasileiro. 6. ed. Rio de Janeiro: Edições Trabalhistas, 1996. p. 109.
(52) MARTINEZ. Op. cit. 1997. p. 140 e op. cit. 1995. p. 562-3.
(53) IBRAHIM, Fábio Zambitte. Curso de direito previdenciário. 13. ed. Rio de Janeiro: Impetus, 2008. p. 510.
(54) Na próxima seção será tratada, em detalhes, a pensão destinada ao ex-cônjuge ou ex-companheiro, abordando seus limites e critérios, bem como a Súmula 336 do Superior Tribunal de Justiça, aprovada em 2007, que afirma que "A mulher que renunciou aos alimentos na separação judicial tem direito à pensão previdenciária por morte do ex-marido, comprovada a necessidade econômica superveniente."

Além do cônjuge, também o(a) companheiro(a) é considerado dependente preferencial do segurado. A definição de companheiro empregada pela legislação previdenciária remete ao art. 226, § 3º, da Constituição, que reconhece a "união estável entre o homem e a mulher como entidade familiar". O Código Civil a define como a "convivência pública, contínua e duradoura e estabelecida com o objetivo de constituição de família" (art. 1.723) e a doutrina chama a atenção para seus elementos caracterizadores: união entre um homem e uma mulher não ligados por vínculo matrimonial porém não impedidos de se casar, que convivem de forma duradoura e pública, como se casados fossem, constituindo uma família de fato.[55] Não se confunde a união estável com uniões incestuosas ou adulterinas, nem com o concubinato, este também denominado concubinato impuro, que corresponde, conforme art. 1.727 do Código Civil, às relações não eventuais mantidas entre homem e mulher impedidos de casar, nem tampouco se confunde com simples namoros ou encontros descompromissados.[56]

A proteção jurídica às relações de convivência na forma de união estável foi uma conquista obtida gradativamente, com o reconhecimento, em virtude principalmente de decisões jurisprudenciais que ao longo dos anos foram sendo incorporadas aos textos legais, de direitos como a nomeação da companheira como beneficiária em seguro de vida, a validade da doação entre companheiros, o direito a alimentos e à partilha do patrimônio comum, direitos sucessórios, direito ao benefício de pensão por morte e auxílio-reclusão e outros.[57]

No âmbito previdenciário, a Lei Eloy Chaves não previa a companheira como beneficiária e sequer permitia sua inclusão como designada. Esta possibilidade foi aberta no regime dos IAPs, porém, por ostentar a qualidade de dependente designada, a companheira ficava em situação de inferioridade em relação aos demais dependentes (filhos, pais e irmãos), já que somente teria acesso ao benefício se inexistissem dependentes das demais classes. Tal sistemática foi mantida quando publicada a LOPS, em agosto de 1960.

---

(55) AZEVEDO, Álvaro Villaça. *Estatuto da família de fato* — de acordo com o novo Código Civil Lei n. 10.406, de 10.1.2002. 2. ed. São Paulo: Atlas, 2002. p. 259 *et seq.*
(56) Ramalho menciona diversas decisões judiciais que analisaram a eventual possibilidade de concessão de pensão por morte a namorada de segurado e conclui que esse tipo de relacionamento não gera direito ao benefício previdenciário (RAMALHO, Marcos de Queiroz. *A pensão por morte no Regime Geral de Previdência Social.* 2. ed. São Paulo: LTr, 2010. p. 94-96).
(57) AZEVEDO. *Op. cit.*, p. 215 *et seq.*, p. 290-317; AUDE, Patrícia Moraes. *A união estável à luz do novo Código Civil.* Dissertação (Mestrado em Direito). São Paulo: Faculdade de Direito da Universidade de São Paulo, 2005. p. 42 *et seq.*; CRISPINO, Nicolau Eládio Bassalo. *A união estável e a situação jurídica dos negócios entre companheiros e terceiros.* Dissertação (Mestrado em Direito). São Paulo: Faculdade de Direito da Universidade de São Paulo, 2005. p. 173 *et seq.*

Somente em 1973, com a Lei n. 5.890, é que a companheira foi expressamente incluída no rol de beneficiários, porém ainda em situação inferior à da esposa, visto que era necessário comprovar que convivia há mais de cinco anos com o segurado, requisito não exigido da esposa. A partir da Lei n. 8.213/91, esse lapso temporal deixou de ser requerido e somente neste momento o companheiro passou a ter direito ao recebimento do benefício.[58]

Para ter acesso ao benefício previdenciário, o(a) companheiro(a) precisa comprovar a união estável na data do óbito, sendo desnecessário comprovar a duração dessa união e sendo também dispensável comprovar a dependência econômica, pois a vida em comum é prova de codependência econômica.

Salviano[59] chama a atenção para a existência de mais uma hipótese de dependência previdenciária, que seria a da gestante que, não sendo casada nem companheira do segurado, obtém deste a prestação de alimentos gravídicos. Conforme a Lei n. 11.804/08, a gestante é credora dos alimentos durante a gravidez e, após o nascimento com vida, os alimentos são devidos à criança. Para o referido autor, a gestante nesta situação tem uma posição semelhante à da ex-esposa, cuja dependência econômica estaria comprovada pela existência dos alimentos. A pensão previdenciária seria, portanto, devida somente durante a gestação, passando o benefício, após o parto, a ser pago unicamente ao filho do segurado.

Não é abrangida pela proteção dada ao(à) companheiro(a) a pessoa que mantenha relações com o(a) segurado(a) na qualidade de concubino(a),[60] assim entendida a relação entre duas pessoas impedidas de se casar. Tais relações, também denominadas concubinato impuro,[61] incluindo tanto o concubinato adulterino como o incestuoso, são repudiadas pela sociedade, que é baseada em valores monogâmicos e na lealdade e respeito entre os cônjuges e companheiros.[62] O dever de lealdade implica sinceridade,

---

(58) Foi também somente nessa ocasião que o marido não inválido passou a ter direito ao benefício no caso de falecimento de sua esposa.
(59) SALVIANO, Maurício de Carvalho. Dos alimentos gravídicos: nova categoria de dependentes do segurado, frente à Previdência Social. *Revista de Previdência Social*, São Paulo, v. 32, n. 337, p. 927-934, dez. 2008.
(60) Nesta obra emprega-se o termo "concubinato" para definir a relação entre duas pessoas que não pode ser convalidada em casamento (seja por estar apenas uma delas ou ambas impedidas ao casamento), ainda que tal relação seja pública, contínua e duradoura; e o termo "companheirismo" para a relação entre duas pessoas desimpedidas para o casamento, configurada na convivência pública, contínua e duradoura e estabelecida com o objetivo de constituição de família.
(61) Denominação adotada, principalmente, antes da vigência do atual Código Civil, para diferenciar relacionamentos entre pessoas impedidas de se casar do "concubinato puro", que equivaleria ao que o atual Código denomina união estável (VELOSO, Zeno. *Código Civil comentado:* direito de família, alimentos, bem de família, união estável, tutela e curatela: arts. 1.694 a 1.783. v. XVII, Coord. Álvaro Villaça Azevedo. São Paulo: Atlas, 2003. p. 155).
(62) AZEVEDO. *Op. cit.*, p. 212.

transparência, informação e fidelidade entre ambos: "numa relação afetiva entre homem e mulher, necessariamente monogâmica, constitutiva de família, além de um dever jurídico, a fidelidade é requisito natural."[63]

Se a lei civil não confere o *status* de união estável a relações de concubinato, tampouco o sistema previdenciário as deve abrigar. O valor base de nossa sociedade, protegido pela Constituição e amparado por políticas da Seguridade Social, é a família. Não se pode defender uma família composta por relações incestuosas, sob pena de reconhecer algo que caminha em sentido exatamente contrário ao que se quer proteger, nem se pode defender a possibilidade de existência de relacionamentos múltiplos e paralelos, constituindo-se simultaneamente diversas famílias, em afronta a princípios basilares do convívio social, como o respeito, a consideração, a lealdade e a transparência.

Diversos doutrinadores compartilham desse entendimento, afirmando não haver direito ao recebimento da pensão por morte pela(o) concubina(o) do(a) segurado(a) casado(a) ou que mantém união estável com outra pessoa.[64]

Há vozes, no entanto, que defendem a concessão de benefícios para companheiros(as) mesmo em caso de concubinato. Ibrahim[65] entende que, por ter a lei mencionado que "considera-se companheira ou companheiro a pessoa que, sem ser casada, mantém união estável com o segurado ou com a segurada (...)", não há impedimento a que o segurado(a) seja casado(a), desde que seu companheiro(a) não o seja. Referido doutrinador acredita que, mesmo em casos de bigamia ou concubinato, desde que atendida tal condição, haveria direito ao benefício, devendo a previdência, com base no princípio protetivo, amparar tais pessoas. Correia,[66] com base no princípio da solidariedade, também entende devida a pensão previdenciária caso comprovada a dependência econômica da concubina em relação ao segurado. Bochenek[67] afirma que, independentemente de existência ou não de impedimento ao casamento, o mais importante é a aparência social do estado de casados e o ânimo de relação duradoura. Dias e Macêdo[68] argumentam

---

(63) VELOSO. *Op. cit.*, p. 129.
(64) Entre outros: HORVATH JR. *Op. cit.*, p. 105; GOES. *Op. cit.*, p. 97; VIANNA, J. *Op. cit.*, p. 416; MARTINEZ. *Op. cit.* 1997. p. 135; RAMALHO. *Op. cit.*, p. 94; GAMA, Guilherme Calmon. *A Constituição de 1988 e as pensões securitárias no direito brasileiro*. São Paulo: LTr, 2001. p. 204.
(65) IBRAHIM. *Op. cit.*, p. 517.
(66) CORREIA. *Op. cit.*, p. 293.
(67) BOCHENEK, Antônio César. Benefícios devidos aos dependentes do Regime Geral da Previdência Social. In: ROCHA, Daniel Macho; SAVARIS, José Antonio (coords.). *Curso de especialização em direito previdenciário*. Curitiba: Juruá, 2007. v. 2, p. 325.
(68) DIAS, Eduardo Rocha; MACÊDO, José Leandro Monteiro de. *Curso de direito previdenciário*. 2. ed. São Paulo: Método, 2010. p. 167-168.

que, se o segurado mantinha, com sua remuneração, o cônjuge e o(a) companheiro(a), após o falecimento desse segurado, tanto o cônjuge quanto o(a) companheiro(a) devem ser protegidos pela Previdência Social. Para Rocha, "não importa se havia ou não impedimentos para que a união entre duas pessoas pudesse ser convertida em casamento, mas se havia uma identidade de propósitos afetiva e econômica duradoura."[69] Alguns desses autores mencionam julgados em que se defere o direito previdenciário à concubina.[70]

Não obstante, há jurisprudência do Superior Tribunal de Justiça pela impossibilidade de reconhecimento de mais de uma união estável concomitantemente.[71] Em julgado recente (REsp 674.176/PE), a Sexta Turma dessa Corte, por maioria, assentou a impossibilidade de rateio da pensão por morte entre esposa e concubina, visto que não se caracteriza a união estável caso um dos companheiros seja casado.

No Supremo Tribunal Federal, a posição parece caminhar no mesmo sentido. Há julgados da Primeira Turma que, por maioria, decidem que não poderia haver direcionamento da pensão previdenciária à concubina, em detrimento da esposa e da família, vínculo este agasalhado pelo ordenamento jurídico, *in verbis*:

> COMPANHEIRA E CONCUBINA — DISTINÇÃO. Sendo o Direito uma verdadeira ciência, impossível é confundir institutos, expressões e vocábulos, sob pena de prevalecer a babel. UNIÃO ESTÁVEL — PROTEÇÃO DO ESTADO. A proteção do Estado à união estável alcança apenas as situações legítimas e nestas não está incluído o concubinato. PENSÃO — SERVIDOR PÚBLICO — MULHER — CONCUBINA — DIREITO. A titularidade da pensão decorrente do falecimento de servidor público pressupõe vínculo agasalhado pelo ordenamento jurídico, mostrando-se impróprio o implemento de divisão a beneficiar, em detrimento da família, a concubina. (RE 397.762/BA e RE 590.779/ES)

Não há, porém, nenhum impedimento para configuração de união estável quando um ou ambos os companheiros são casados civilmente mas se encontram separados de fato, conforme posição predominante na doutrina[72] e jurisprudência.[73] Essa é a inteligência do § 1º do art. 76 da Lei n. 8.213/91, que

---

(69) ROCHA. *Op. cit.*, p. 100.
(70) CORREIA. *Op. cit.*, p. 293-294; AZEVEDO. *Op. cit.*, 2002. p. 308; ROCHA. *Op. cit.*, p. 98-99.
(71) Por exemplo, REsp 931.155/RS, EDcl no Ag 830.525/RS, REsp 684.407/RS, REsp 532.549/RS, REsp 631.465/DF, REsp 789.293/RJ.
(72) Tanto a doutrina civilista quanto a previdenciária abordam a questão. A título ilustrativo: PEREIRA, Caio Mário da Silva. *Instituições de direito civil*. 16. ed. São Paulo: Forense, 2007. v. V, p. 546; FELIPE, J. Franklin Alves. *Adoção, guarda, investigação de paternidade e concubinato*. Rio de Janeiro: Forense, 2000. p. 105; GOES. *Op. cit.*, p. 97; VIANNA, J. *Op. cit.*, p. 416; HORVATH JR. *Op. cit.*, p. 108; RAMALHO. *Op. cit.*, p. 91.
(73) A título ilustrativo: REsp. 73.234/RJ, REsp 192.976/RJ, REsp 631.465/DF, REsp 674.176/PE, REsp 684.407/RS.

afirma que o cônjuge ausente (ou seja, o separado de fato) não exclui do direito à pensão por morte o companheiro(a) com quem o segurado mantenha união estável na data do falecimento, que somente fará jus ao benefício a partir da data de sua habilitação e mediante prova de dependência econômica. Esta necessidade de prova de dependência econômica refere-se, logicamente, ao cônjuge separado de fato, pois, como já visto, o(a) companheiro(a) é dependente preferencial e não necessita comprovar a dependência econômica.[74]

Como diverso não poderia ser, a lei dá ao cônjuge separado de fato e ao separado de direito o mesmo tratamento: é permitida a concorrência com o(a) viúvo(a) ou companheiro(a), desde que o separado comprove a dependência econômica do falecido. Essa comprovação se dá pela existência de pensão alimentícia, judicial ou de fato.

Quando tratamos de companheiro(a), vêm à baila os direitos dos companheiros homossexuais. As uniões afetivas entre pessoas do mesmo sexo estão cada vez mais presentes em nossa sociedade e, aos poucos, vêm obtendo reconhecimento social e jurídico, ainda que com muitas vozes contrárias.

Um dos principais valores em que se baseia nossa Constituição é a dignidade da pessoa humana, e dentre os direitos fundamentais sagrados no art. 5º temos a igualdade, a liberdade, incluindo a liberdade de expressão e de crença, e a não discriminação. São valores suficientes para que se reconheça o direito a que as pessoas, independentemente de seu gênero, possam expressar sua orientação sexual e buscar o reconhecimento legal das relações afetivas que mantêm com terceiros. De uniões homossexuais decorrem direitos e deveres entre os participantes e perante terceiros, direitos de ordem patrimonial e moral. A luta do movimento homossexual parece centrar-se, num primeiro momento, no reconhecimento dos direitos patrimoniais — direito à partilha do patrimônio comum, à herança, a alimentos, a benefícios previdenciários, à inclusão como beneficiário em seguros de vida e de saúde, entre outros — para, aos poucos, adentrar em searas mais delicadas socialmente, como o direito à adoção.

O atual ordenamento jurídico pátrio, face ao previsto no art. 226, § 3º, da Constituição e no art. 1.723 do Código Civil, não reconhece as uniões estáveis entre pessoas do mesmo sexo.

---

(74) A Instrução Normativa INSS/PRES n. 20, de 11 de outubro de 2007 regulamenta esse tema: *"Art. 269. O cônjuge separado de fato terá direito à pensão por morte, mesmo que este benefício já tenha sido requerido e concedido à companheira ou ao companheiro, desde que beneficiário de pensão alimentícia, conforme disposto no § 2º do art. 76 da Lei n. 8.213/ 1991. [...]"*

Para que a convivência seja digna da proteção do Estado, impõe-se a diferenciação de sexos do casal, postura que ignora a existência de entidades familiares formadas por pessoas do mesmo sexo. [...]
Nada justifica o estabelecimento da distinção de sexos como condição para a identificação da união estável. Dita desequiparação, arbitrária e aleatória, estabelece exigência nitidamente discriminatória. [...]
Qualquer discriminação baseada na orientação sexual do indivíduo configura claro desrespeito à dignidade humana, a infringir o princípio maior imposto pela Constituição Federal. Infundados preconceitos não podem legitimar restrições a direitos.[75]

Neste ponto, o direito previdenciário, especialmente a Previdência Social, está à frente dos demais ramos. Podemos até dizer que a Previdência Social foi pioneira no reconhecimento dos direitos dos companheiros homossexuais e que as demais áreas do direito poderiam utilizá-la como exemplo e ponto de referência para reconhecer a necessidade de amparar adequadamente pleitos válidos dos indivíduos, num ambiente de dignidade, liberdade e democracia.

Ainda que não tenham seu direito ao benefício previdenciário de pensão por morte garantido em lei, tal direito é estendido aos companheiros(as) de mesmo sexo por força judicial (Ação Civil Pública n. 2000.71.00.009347-0/RS),[76] além de estar previsto na Instrução Normativa do INSS (art. 30 da IN n. 20/2007). Para ter direito ao benefício, incluindo-se entre os dependentes da classe I, o(a) companheiro(a) deverá comprovar a vida em comum com o(a) falecido(a), da mesma forma e de acordo com os mesmos critérios aplicáveis aos companheiros heterossexuais, não se exigindo, como tampouco se exige destes, comprovação da dependência econômica.

O tema é ainda bastante controverso na doutrina. Como não poderia deixar de ser, há autores favoráveis,[77] outros contrários[78] e outros que comentam o tema sem manifestar claramente suas posições.[79] Gonçales,

---

(75) DIAS, Maria Berenice. *União homossexual* — o preconceito & a justiça. Porto Alegre: Livraria do Advogado, 2000. p. 69-70-76.
(76) Decisão proferida em Ação Civil Pública proposta pelo Ministério Público, pela Juíza Federal Simone Barbisan Fortes, da 3ª Vara Previdenciária de Porto Alegre, Seção Judiciária do Rio Grande do Sul, com validade para todo o território nacional, confirmada pelo Tribunal Regional Federal da 4ª Região.
(77) GONÇALES. *Op. cit.*, p. 58; IBRAHIM. *Op. cit.*, p. 517; RAMALHO. *Op. cit.*, p. 133; DIAS; MACÊDO. *Op. cit.*, p. 167. Martinez compartilha deste entendimento e dedicou uma obra inteira ao tema (MARTINEZ, Wladimir Novaes. *A união homoafetiva no direito previdenciário*. São Paulo: LTr, 2008.) Na doutrina civilista, DIAS (*op. cit.*) tem obra de referência sobre o tema, defendendo os direitos das uniões estáveis homossexuais.
(78) GAMA. *Op. cit.*, p. 204. AZEVEDO. *Op. cit.*, p. 465-474, comenta os aspectos civis da união estável homossexual e expressa posição desfavorável a seu reconhecimento jurídico face ao atual ordenamento pátrio.
(79) BOCHENEK. *Op. cit.*, p. 326-327; GOES. *Op. cit.*, p. 98; VIANNA, J. *Op. cit.*, p. 418-420.

dentre os que defendem os direitos previdenciários aos companheiros homossexuais, é enfático em suas considerações a respeito:

> Salvo a adoção de posicionamento arrimado em moralismo exacerbado, com coloração inquisitorial, ou em mera intolerância, nada justifica negar a condição de dependente à pessoa que, com outra, muitas vezes a vida inteira, manteve união estável, temperada pelo respeito, seriedade e dignidade. É o mesmo que negar a condição de dependente por causa da cor da pele, da profissão religiosa etc.(80)

O Supremo Tribunal Federal, em decisão de maio de 2011, adotou posição de vanguarda, afirmando que a norma constante do art. 1.723 do Código Civil não obsta que a união de pessoas do mesmo sexo possa ser reconhecida como entidade familiar apta a merecer proteção estatal. O Tribunal Pleno, nesse histórico julgamento, decidiu, sob relatoria do Ministro Ayres Britto, por unanimidade, conhecer da Arguição de Descumprimento de Preceito Fundamental 132/RJ e da Ação Direta de Inconstitucionalidade 4277/DF e, também de forma unânime, julgá-las procedentes, com eficácia *erga omnes* e efeito vinculante.

No mérito, conferiu-se interpretação conforme a Constituição ao art. 1.723 do Código Civil, para dele excluir qualquer significado que impeça o reconhecimento da união contínua, pública e duradoura entre pessoas do mesmo sexo como entidade familiar, deixando também claro que, apesar da Constituição usar termos distintos (entidade familiar *versus* família), ambos são sinônimos. O reconhecimento das uniões homoafetivas deve ser feito segundo as mesmas regras e com idênticas consequências da união estável heteroafetiva.

> [...] 2. **Proibição de discriminação** das pessoas em razão do sexo, seja no plano da dicotomia homem/mulher (gênero), seja no plano da orientação sexual de cada qual deles. A proibição do preconceito como capítulo do constitucionalismo fraternal. Homenagem ao pluralismo como valor sociopolítico-cultural. **Liberdade para dispor da própria sexualidade**, inserida na categoria dos direitos fundamentais do indivíduo, expressão que é da autonomia de vontade. **Direito à intimidade e à vida privada**. Cláusula pétrea. O sexo das pessoas, salvo disposição constitucional expressa ou implícita em sentido contrário, não se presta como fator de desigualação jurídica. Proibição de preconceito, à luz do inciso IV do art. 3º da Constituição Federal, por colidir frontalmente com o objetivo constitucional de "promover o bem de todos". Silêncio normativo da Carta Magna a respeito do concreto uso do sexo dos indivíduos como saque da kelseniana "norma geral negativa", segundo a qual "o que não estiver juridicamente proibido, ou obrigado, está juridicamente permitido". **Reconhecimento do direito à preferência sexual como direta emanação do princípio da "dignidade da pessoa humana"**: direito a autoestima no mais elevado ponto da consciência do

---

(80) GONÇALES. *Op. cit.*, p. 58.

indivíduo. Direito à busca da felicidade. Salto normativo da **proibição do preconceito** para a proclamação do direito à liberdade sexual. O concreto uso da sexualidade faz parte da autonomia da vontade das pessoas naturais. Empírico uso da sexualidade nos planos da intimidade e da privacidade constitucionalmente tuteladas. **Autonomia da vontade**. Cláusula pétrea.

3. Tratamento constitucional da instituição da família. Reconhecimento de que a constituição federal não empresta ao substantivo "família" nenhum significado ortodoxo ou da própria técnica jurídica. A família como categoria sociocultural e princípio espiritual. **Direito subjetivo de constituir família**. Interpretação não reducionista. O *caput* do art. 226 confere à família, base da sociedade, especial proteção do Estado. Ênfase constitucional à instituição da família. **Família em seu coloquial ou proverbial significado de núcleo doméstico, pouco importando se formal ou informalmente constituída, ou se integrada por casais heteroafetivos ou por pares homoafetivos.** A Constituição de 1988, ao utilizar-se da expressão "família", não limita sua formação a casais heteroafetivos nem a formalidade cartorária, celebração civil ou liturgia religiosa. Família como instituição privada que, voluntariamente constituída entre pessoas adultas, mantém com o Estado e a sociedade civil uma necessária relação tricotômica. **Núcleo familiar que é o principal lócus institucional de concreção dos direitos fundamentais que a própria Constituição designa por "intimidade e vida privada"** (inciso X do art. 5º). Isonomia entre casais heteroafetivos e pares homoafetivos que somente ganha plenitude de sentido se desembocar no igual direito subjetivo à formação de uma autonomizada família. Família como figura central ou continente, de que tudo o mais é conteúdo. Imperiosidade da interpretação não reducionista do conceito de família como instituição que também se forma por vias distintas do casamento civil. Avanço da Constituição Federal de 1988 no plano dos costumes. Caminhada na direção do pluralismo como categoria socio político-cultural. Competência do Supremo Tribunal Federal para manter, interpretativamente, o Texto Magno na posse do seu fundamental atributo da coerência, o que passa pela **eliminação de preconceito quanto à orientação sexual das pessoas**.

4. União estável. Normação constitucional referida a homem e mulher, mas apenas para especial proteção desta última. Focado propósito constitucional de estabelecer relações jurídicas horizontais ou sem hierarquia entre as duas tipologias do gênero humano. Identidade constitucional dos conceitos de "entidade familiar" e "família". A referência constitucional à dualidade básica homem/mulher, no § 3º do seu art. 226, deve-se ao centrado intuito de não se perder a menor oportunidade para favorecer relações jurídicas horizontais ou sem hierarquia no âmbito das sociedades domésticas. Reforço normativo a um mais eficiente combate à renitência patriarcal dos costumes brasileiros. Impossibilidade de uso da letra da Constituição para ressuscitar o art. 175 da Carta de 1967/1969. Não há como fazer rolar a cabeça do art. 226 no patíbulo do seu parágrafo terceiro. Dispositivo que, ao utilizar da terminologia "entidade familiar", não pretendeu diferenciá-la da "família". Inexistência de hierarquia ou diferença de qualidade jurídica entre as duas formas de constituição de um novo e autonomizado núcleo doméstico. **Emprego do fraseado "entidade familiar" como sinônimo perfeito de família. A Constituição não interdita a formação de família por pessoas do mesmo sexo.** Consagração do juízo de que não se proíbe nada a ninguém senão em face de um direito ou de proteção de um legítimo interesse de outrem, ou de toda a sociedade, o que não se dá na hipótese *sub judice*. Inexistência do direito dos indivíduos heteroafetivos à sua não equiparação jurídica com os indivíduos homoafetivos. Aplicabilidade do § 2º do art. 5º da Constituição Federal, a evidenciar que outros direitos e garantias, não expressamente listados na Constituição, emergem "do regime e dos princípios por ela adotados", *verbis*: "Os direitos e garantias expressos

nesta Constituição não excluem outros decorrentes do regime e dos princípios por ela adotados, ou dos tratados internacionais em que a República Federativa do Brasil seja parte".

5. **Divergências laterais quanto à fundamentação do acórdão**. Anotação de que os Ministros Ricardo Lewandowski, Gilmar Mendes e Cezar Peluso convergiram no particular entendimento da impossibilidade de ortodoxo enquadramento da união homoafetiva nas espécies de família constitucionalmente estabelecidas. Sem embargo, reconheceram a união entre parceiros do mesmo sexo como uma nova forma de entidade familiar. Matéria aberta à conformação legislativa, sem prejuízo do reconhecimento da imediata autoaplicabilidade da Constituição.

6. **Interpretação do art. 1.723 do Código Civil em conformidade com a Constituição Federal (técnica da "interpretação conforme"). Reconhecimento da união homoafetiva como família.** Procedência das ações. Ante a possibilidade de interpretação em sentido preconceituoso ou discriminatório do art. 1.723 do Código Civil, não resolúvel à luz dele próprio, faz-se necessária a utilização da técnica de **"interpretação conforme à Constituição". Isso para excluir do dispositivo em causa qualquer significado que impeça o reconhecimento da união contínua, pública e duradoura entre pessoas do mesmo sexo como família. Reconhecimento que é de ser feito segundo as mesmas regras e com as mesmas consequências da união estável heteroafetiva.** (ADPF 132/RJ; ADI 4277/DF)

Condensando o exposto nas últimas páginas, verifica-se que, de um lado, há uma forte corrente doutrinária e jurisprudencial, à qual me filio, que entende que não é possível reconhecer o direito ao benefício previdenciário aos concubinos, e por outro lado, há jurisprudência conferindo tal direito aos companheiros homossexuais, posição à qual também me filio. Poderia se imaginar incongruente adotar, simultaneamente, ambas as opiniões. Não me parece ser este o caso.

Em ambas as situações, o elemento chave para a solução da questão são valores e princípios estabelecidos em nossa Constituição, especialmente a dignidade da pessoa humana, o respeito à boa-fé e a proteção à família. Permitir que a uma relação concubinária, mantida em afronta não só ao ordenamento jurídico, mas aos valores fundamentais de nossa sociedade e à dignidade do outro cônjuge ou companheiro(a), seja conferida a mesma proteção que às relações mantidas de forma leal, pública e sincera minaria o núcleo familiar que a Constituição se propõe a proteger. A boa-fé e a dignidade da(o) esposa(o) e da família traída seriam profundamente afetadas, não se podendo cogitar em valorização jurídica dessas afrontas.

Por outro lado, quando estamos diante de uma união estável homossexual, o reconhecimento de seus efeitos patrimoniais pelo direito nada mais representa que dispensar a tais uniões tratamento equitativo ao conferido aos demais casos de união estável. Em se tratando de união baseada na convivência pública, contínua e duradoura entre duas pessoas, com fortes laços afetivos entre si, que mutuamente se respeitam e que constroem uma comunhão plena de vida, há que se assegurar os direitos, a ambos os companheiros, relativos à partilha dos bens, a alimentos, à herança e à previdência, entre outros.

Acrescente-se, ainda, que a finalidade da união estável, prevista no artigo 1.723 do Código Civil, qual seja, a "constituição de família", não é empecilho a que se reconheça a união estável homossexual, visto que há muito se foi o tempo em que somente se considerava família a união da qual resultassem filhos em comum. A Constituição reconhece expressamente a família monoparental,[81] abrindo espaço para reconhecimento das diversas possibilidades de formação de vínculos afetivos familiares, de forma que "a capacidade procriativa ou a vontade de ter prole não são elementos essenciais para que se empreste proteção legal a um par."[82]

Retomando a análise dos dependentes legais de primeira classe, previstos no inciso I do art. 16 da Lei n. 8.213/91, temos "o filho não emancipado, de qualquer condição, menor de 21 (vinte e um) anos ou inválido." Todo e qualquer filho ou filha do segurado, desde que cumpra os requisitos previstos neste artigo, terá direito ao benefício previdenciário, tenha ou não nascido a partir de uma relação de casamento ou por adoção, e em todos os casos a dependência econômica é presumida.

Quanto ao limite etário para o recebimento da pensão, a lei previdenciária estabelece vinte e um anos, limite que não foi alterado com a vigência do novo Código Civil.[83] Trata-se da prevalência da norma específica em relação à norma geral, que menciona clara e expressamente o pagamento do benefício até os 21 anos de idade. Esse limite etário não se aplica caso o filho seja inválido.

Não há possibilidade de ampliar o limite etário por estar o filho cursando nível superior, conforme já sedimentado pela jurisprudência.[84] Para efeito da legislação tributária relativa ao Imposto de Renda, é possível considerar como dependente o filho até vinte e quatro anos de idade, se ainda estiver cursando estabelecimento de ensino superior ou escola técnica de segundo grau (Lei n. 9.250/95, art. 35, § 1º, e art. 77 do Regulamento do Imposto de Renda). No entanto, não há que confundir as duas situações. Os critérios de dependência adotados pela legislação previdenciária são distintos dos empregados pela legislação tributária, visto que os fundamentos e os objetivos de cada um desses ramos são, em essência, distintos.

---

(81) Prevista no § 4º do art. 226, como "a comunidade formada por qualquer dos pais e seus descendentes."
(82) DIAS. *Op. cit.*, p. 71.
(83) Entre outros, MARTINS. *Op. cit.*, 2007, p. 294-295; IBRAHIM. *Op. cit.*, p. 513; BOCHENEK. *Op. cit.*, p. 328; VIANNA, J. *Op. cit.*, p. 415; GOES. *Op. cit.*, p. 99.
(84) REsp 742.034/PB e REsp 638.589/SC, entre outros.

Também podem vir a ser considerados dependentes da classe I, equiparados aos filhos do segurado, o enteado e o menor tutelado,[85] desde que haja declaração em tal sentido do segurado e desde que comprovada a dependência econômica (art. 16, § 2º, da Lei n. 8.213/91[86]), diferindo, neste particular, da situação dos filhos. Enteado é o filho do cônjuge ou companheiro(a) do segurado. Tutelado é o menor que não se encontra sob o poder familiar de seus pais, seja porque ambos faleceram ou foram julgados ausentes, seja por terem sido destituídos desse poder (art. 1.728 do Código Civil). A tutela é um conjunto de poderes e encargos, conferido a um terceiro, para que zele, proteja e eduque o menor, bem como lhe administre o patrimônio.[87] O tutor é o representante legal do menor nos atos da vida civil.

O dependente inválido somente terá direito ao benefício se comprovada a existência de invalidez na data do óbito mediante perícia médica do INSS, e deverá se submeter a perícias periódicas, para avaliar a continuidade da invalidez, bem como o processo de reabilitação profissional e tratamento de saúde, exceto cirúrgico e transfusão de sangue, cuja realização é facultativa.

Note-se que a invalidez superveniente à morte do segurado não confere direito à pensão. Presume-se que, atingido o limite etário máximo para recebimento da pensão, o beneficiário terá se integrado ao sistema previdenciário em razão de seu próprio trabalho, podendo vir a fazer jus, em caso de invalidez futura, à aposentadoria por invalidez. No entanto, se o dependente menor de idade se invalidar durante o período em que estava recebendo pensão, ele manterá o direito ao benefício enquanto permanecer inválido (art. 115, Decreto n. 3.048/99). Nada mais razoável, pois uma pessoa que se torna inválida, por qualquer motivo, antes de completar 21 anos de idade, provavelmente não terá contribuído para a Previdência Social, e, caso a pensão fosse extinta, ficaria sem qualquer amparo, restando-lhe apenas

---

(85) Desde a vigência da Medida Provisória n. 1.523/96, posteriormente convertida na Lei n. 9.528/97, o menor sob guarda deixou de ser equiparado a filho, tendo surgido algumas vozes na doutrina e jurisprudência defendendo sua manutenção como tal. Este tema será abordado na próxima seção.
(86) Esse parágrafo foi alterado em 1997, pela Lei n. 9.528, e até então era exigido do menor tutelado que não possuísse condições suficientes para o próprio sustento e educação, o que é distinto da agora exigida dependência econômica perante o segurado; do enteado não era exigida a dependência econômica, bastava a declaração por parte do segurado. Em ambos os casos, a alteração, que pode parecer sutil, é de grande relevância, pois privilegia a concessão do benefício àqueles que demonstram a dependência econômica perante o servidor, já que o menor tutelado pode ter fontes próprias de renda (como previa a regra anterior) ou depender economicamente de terceiros, ao passo que o enteado pode depender exclusivamente de seus pais.
(87) VELOSO. *Op. cit.*, p. 160-161; DINIZ, Maria Helena. *Curso de direito civil brasileiro*, direito de família. 18. ed. aumentada e atualizada de acordo com o novo Código Civil. São Paulo: Saraiva, 2002, v. 5, p. 504-505.

recorrer à Assistência Social. Porém, se o pensionista, enquanto menor de 21 anos, houver desenvolvido atividade laborativa que lhe possibilite a obtenção de aposentadoria por invalidez, poderá receber cumulativamente ambos os benefícios, pois não há regra que impeça a acumulação de pensão por morte com aposentadoria.

Outra questão que comumente surge quanto ao beneficiário inválido diz respeito à emancipação. Conforme se depreende da leitura dos incisos I e III do art. 16 da Lei n. 8.213/91, para o filho e o irmão, a não emancipação é um requisito essencial para a qualificação como dependente. A regulamentação previdenciária estabelece que o beneficiário inválido que for emancipado não terá direito ao benefício, mas permite que, na hipótese de emancipação em razão da colação de grau em curso superior, o inválido continue mantendo a condição de dependente (art. 17, inc. III, Decreto n. 3.048/99).

Como se nota, há algumas diferenças significativas no rol de dependentes hoje vigente em relação ao que existia na redação original da Lei n. 8.213/91, comentado na seção 2 desta obra.

A partir de abril de 1995 (Lei n. 9.032/95), a não emancipação tornou-se requisito obrigatório para que filhos, enteados, menores tutelados e irmãos possam ter acesso ao benefício. Entendeu-se que a emancipação quebra o vínculo de dependência entre o menor e seus provedores, passando o emancipado a ter completo discernimento para a prática dos atos da vida civil e, assim, condições para prover seu sustento. No entanto, trata-se de conceitos distintos: capacidade civil não significa necessariamente independência econômica. As implicações decorrentes da utilização, na seara previdenciária, de um critério emprestado da legislação civil que não guarda adequada relação com os princípios e objetivos da proteção previdenciária serão abordadas na próxima seção.

Também foi pela mesma Lei n. 9.032/95 que a pessoa designada foi excluída do rol de dependentes previdenciários. A existência do beneficiário "instituído" ou "designado" era uma regra que violava todos os pressupostos de solidariedade e mutualismo em que se baseia o regime previdenciário, o que fazia com que o benefício de pensão por morte deixasse de ter caráter de um benefício de risco e assumisse um caráter de completa certeza: "se por acaso eu falecer sem deixar algum beneficiário legal, aqui está o meu beneficiário designado ao recebimento da pensão". Este tipo de raciocínio demonstrava uma flagrante incompreensão da estrutura dos regimes previdenciários e um total desprezo pelo princípio da solidariedade. É natural que nem todas as pessoas deixem, ao falecer, dependentes. A possibilidade de inclusão do "designado" deturpava esse quadro, transformando um benefício aleatório em algo certo. A previdência se afastava do conceito securitário e se aproximava da noção civil de sucessão hereditária.[88] Demorou quase seis décadas para que a figura do beneficiário designado fosse eliminada do RGPS, tendo demorado mais, inclusive, que a extinção da pensão vitalícia para filhas e irmãs solteiras.

Também foi excluído do rol de dependentes o menor sob guarda, a partir de outubro de 1996, com a vigência da Medida Provisória n. 1.523/96, convertida na Lei n. 9.528/97. Permanece, ainda, o debate doutrinário e jurisprudencial sobre essa exclusão, que será objeto de análise na próxima seção. A jurisprudência do STJ tem sistematicamente confirmado a exclusão do menor sob guarda do rol de dependentes do RGPS, ainda que muitas vezes por maioria:

> PROCESSO CIVIL. RECURSO ESPECIAL. MENOR SOB GUARDA. EXCLUSÃO DO REGIME GERAL DA PREVIDÊNCIA SOCIAL. INAPLICABILIDADE DO ART. 33, § 3º, DO ESTATUTO DA CRIANÇA E ADOLESCENTE.
>
> 1. Esta Corte já decidiu que, tratando-se de ação para fins de inclusão de menor sob guarda como dependente de segurado abrangido pelo Regime Geral da Previdência Social — RGPS, não prevalece o disposto no art. 33, § 3º do Estatuto da Criança e Adolescente em face da alteração introduzida pela Lei n. 9.528/97.
>
> 2. Precedentes.
>
> 3. Recurso provido.[89]

Passando à análise dos demais dependentes do segurado, encontramos, na segunda classe, os pais — pai e mãe, independentemente da idade e da existência de invalidez — e, na terceira, os irmãos(ãs), neste caso observando-se as mesmas regras aplicáveis aos filhos: desde que não emancipados, até 21 anos ou enquanto inválidos. Para todos esses é necessária a comprovação da dependência econômica perante o segurado na data do óbito, a qual, conforme já mencionado, pode ser parcial.

Em relação aos pais, poderia surgir a questão da equiparação a estes dos padrastos e madrastas, haja visto que a lei equipara os enteados a filhos. Considerando que o art. 16 da Lei n. 8.213/91 é um rol taxativo, bem como que a inclusão de uma nova categoria de dependentes equivaleria à criação de um novo benefício, daí decorrendo a necessidade de fonte de custeio e equilíbrio atuarial, não parece adequado este entendimento.

---

(88) Vide decisão do Supremo Tribunal Federal na ADI 240-6/RJ (Rel. Min. Octavio Gallotti. DJ 13.10.2000, Tribunal Pleno), que julgou inconstitucional dispositivo da Constituição do Estado do Rio de Janeiro que permitia ao servidor público que não tinha beneficiários habilitados ao benefício de pensão por morte designar outras pessoas para recebimento do benefício.

(89) REsp 503.019/RS, 6ª Turma, Rel. Min. Paulo Gallotti, j. 15.4.2004, DJ 30.10.2006, p. 426. No mesmo sentido: AgRg no REsp 750520/RS, 6ª Turma; EREsp 696299/PE, 3ª Seção; REsp 497081/RN, 5ª Turma.

A inscrição dos dependentes e a comprovação da dependência econômica, conforme necessário, será feita quando do requerimento do benefício, observando regras e documentação prevista no Regulamento da Previdência Social (Decreto n. 3.048/99).

Não há carência para a obtenção do benefício de pensão por morte. Basta que, no momento do falecimento, o indivíduo tenha a qualidade de segurado do RGPS. Até a vigência da Lei n. 8.213/91, exigia-se carência de, no mínimo, 12 contribuições mensais (art. 36 da Lei n. 3.807/60). Por se tratar de benefício de risco, é razoável que não se exija carência, deferindo a proteção ao segurado e à sua família desde o momento em que ingressa no sistema previdenciário e enquanto estiver regularmente inscrito. No entanto, há que se ponderar que isso permite fraudes e abusos de diversas sortes, como inscrições e casamentos no leito de morte. Porém, se por um lado a exigência de carência, ainda que pequena, a exemplo dos 12 meses antigamente demandados, bem como a imposição de um período mínimo de união para reconhecimento do direito ao cônjuge/companheiro, diminuiria imensamente essas fraudes, por outro poderia frustrar os legítimos direitos de pessoas que, infortunadamente, encontraram o sinistro antes do que gostariam.

2.4. Prestação

A pensão por morte consiste em um benefício pecuniário pago mensalmente aos dependentes habilitados, e respectivo abono anual, enquanto mantiverem as condições que lhes assegura tal posição.

Corresponde à totalidade da aposentadoria que o segurado recebia, caso o falecimento tenha ocorrido após a aposentadoria, ou caso ocorra antes, equivale ao valor da aposentadoria por invalidez a que o segurado teria direito se, na data do falecimento, se houvesse invalidado — essa aposentadoria corresponde à totalidade do salário de benefício do segurado, o qual, por sua vez, é a média aritmética simples dos maiores salários de contribuição, devidamente atualizados, abrangendo 80% de todo o período contributivo de julho de 1994 em diante (arts. 29, 44 e 75 da Lei n. 8.213/91).

No entanto, até a edição da Lei n. 9.032, de 28 de abril de 1995, prevalecia a regra original da Lei n. 8.213/91: a pensão era calculada com base em uma quota familiar de 80% da aposentadoria ou da aposentadoria por invalidez, acrescida de 10% para cada dependente, até o máximo de 100%. Somente no caso de acidente de trabalho o valor do benefício equivaleria à totalidade da aposentadoria ou salário de benefício, independentemente do número de beneficiários.

Ou seja, em 1995, quando já se iniciavam discussões para uma reforma do sistema previdenciário que permitisse sua sustentabilidade a longo prazo e destacasse seu caráter atuarial e contributivo (que veio a resultar na Emenda Constitucional n. 20/98), o critério de definição do valor da pensão foi alterado em sentido completamente oposto, resultando em regra mais complacente que a antes existente.[90]

Após essa mudança, o Poder Judiciário foi questionado quanto à aplicabilidade da nova fórmula de cálculo do benefício às pensões decorrentes de falecimentos ocorridos antes da vigência da Lei n. 9.032/95. Houve muita discussão sobre o tema, com diversos doutrinadores favoráveis à revisão de todos os benefícios já concedidos[91] e decisões judiciais conferindo o direito aos pensionistas.[92] O Supremo Tribunal Federal (STF) encerrou a querela no julgamento, pelo Tribunal Pleno, dos Recursos Extraordinários n. 415.454 e 416.827.

Entendeu o Supremo que aplicar essa lei aos benefícios concedidos antes de sua vigência representa aplicação retroativa da lei e afronta o ato jurídico perfeito que se realizou sob a égide da norma anterior. Ainda que se cogitasse a aplicação da nova lei somente aos efeitos futuros de atos

---

(90) A alteração se deu em duas etapas. Com a Lei n. 9.032/95 o benefício passou a corresponder à totalidade do salário de benefício do segurado falecido e com a Lei n. 9.528/97 chegou-se à regra atual, em que o benefício corresponde à totalidade do valor da aposentadoria que o segurado recebia ou daquela a que teria direito se estivesse aposentado por invalidez na data de seu falecimento (art. 75 da Lei n. 8.213/91).
(91) BOLLMANN, Vilian. Lei n. 9.032/1995: eficácia retrospectiva do aumento do coeficiente da pensão por morte. *Revista de Previdência Social*, São Paulo, v. 28, n. 286, p. 797-805, set. 2004, BOCHENEK. *Op. cit.*, p. 347; CORREIA. *Op. cit.*, p. 235; LÖW, Daniela Maglio. Renda mensal de 100 por cento para pensionista. *Revista de Previdência Social*. São Paulo, v. 29, n. 290. p. 26-7. jan. 2005; SIMÃO, Luciano Dib; SPENGLER, Luiz Alberto. Reajustamento de pensões: incidência imediata da nova lei. *Revista de Previdência Social*. São Paulo, v. 28, n. 279, p. 133-134, fev. 2004.
(92) Há diversos acórdãos do STJ entendendo pela aplicação imediata da nova legislação, com a revisão dos valores das pensões concedidas antes da vigência da Lei n. 9.032/95, como exemplo:
"EMBARGOS DE DIVERGÊNCIA. PREVIDENCIÁRIO. PENSÃO. MAJORAÇÃO DE COTA. ART. 75 DA LEI N. 8.213/91, ALTERADO PELA LEI N. 9.032/95. POSSIBILIDADE. INCIDÊNCIA IMEDIATA DA LEI NOVA. I — O art. 75 da Lei n. 8.213/91, na redação da Lei n. 9.032/95 deve ser aplicado em todos os casos, alcançando todos os benefícios previdenciários, independentemente da lei vigente à época em que foram concedidos. Precedentes. II — Esta orientação, entretanto, não significa aplicação retroativa da lei nova, mas sua incidência imediata, pois qualquer aumento de percentual passa a ser devido a partir da sua vigência. III — Embargos rejeitados. (EREsp 297274/AL, 3ª Seção)." A Turma Nacional de Uniformização de Jurisprudência dos Juizados Especiais Federais editou, sobre o tema, a Súmula 15: "O valor mensal da pensão por morte concedida antes da Lei n. 9.032, de 28 de abril de 1995, deve ser revisado de acordo com a nova redação dada ao art. 75 da Lei n. 8.213, de 24 de julho de 1991."

legitimamente praticados no passado, ter-se-ia configurada a retroação mínima[93] — o que é igualmente refutado pelo STF, nesta e em outras situações levadas à sua análise. O fato gerador do benefício da pensão por morte é o falecimento do segurado e o benefício é regido pela lei vigente à época deste fato; é a aplicação do princípio *tempus regit actum*. Permitir a retroatividade da norma, sem que haja previsão expressa em tal sentido, macularia a segurança jurídica essencial ao ordenamento.

Prestigiou-se o entendimento, já objeto de Súmula daquela Corte[94], de que o benefício previdenciário é regido pela lei vigente no momento em que cumpridos os requisitos legais para sua obtenção — no caso da pensão por morte, esse evento é o falecimento.

Ademais, o Supremo considerou que, em se tratando de norma previdenciária, a elevação do valor dos benefícios que adviria da aplicação da Lei n. 9.032/95 a fatos pretéritos desrespeitaria o princípio constitucional da necessidade de prévio custeio para criação ou majoração de benefício previdenciário (art. 195, § 5º, da CRFB).[95]

Posteriormente à decisão do STF, o STJ editou a Súmula 340 (julho de 2007), filiando-se ao entendimento do Supremo: "A lei aplicável à concessão de pensão previdenciária por morte é aquela vigente na data do óbito do segurado."

Portanto, para falecimentos ocorridos a partir da vigência da Lei n. 8.213/91 até o dia 28 de abril de 1995, o valor da pensão é calculado pela fórmula prevista no texto original da Lei n. 8.213/91, e somente para óbitos verificados a partir do dia 29 de abril de 1995 será aplicado o critério da nova legislação.

---

(93) Sobre o tema da eficácia temporal das normas jurídicas, trazemos as seguintes lições: "Essa invasão do tempo pretérito pela lei vigente pode dar-se com graus variáveis de intensidade, daí se falar em níveis ou graus de retroatividade. Se a eficácia retroativa vem a atingir fatos pretéritos já inteiramente consumados, está-se diante da retroatividade em seu grau máximo (retroatividade restitutiva); se os efeitos do fato pretérito em questão ainda não se haviam concretizado, com a aplicação efetiva da norma de regência, temos a retroatividade média; finalmente, se hipótese normativa contempla fatos passados, mas lhe atribui efeitos apenas da entrada em vigor da novel legislação em diante, o nível de retroatividade é mínimo." (RAMOS, Elival da Silva. *A proteção aos direitos adquiridos no direito constitucional brasileiro*. São Paulo: Saraiva, 2003. p. 265-266).
(94) Súmula n. 359, reformulada pelo RE 72.509/PR: "Ressalvada a revisão prevista em lei, os proventos da inatividade regulam-se pela lei vigente ao tempo em que o militar, ou o servidor civil, reuniu os requisitos necessários."
(95) Ibrahim (*op. cit.*, p. 645) entende que a decisão do STF foi acertada com base neste fundamento, já que a questão do *tempus regit actum* poderia ser superada com base em razões de isonomia.

Os segurados especiais[96] também têm direito à pensão por morte, no valor de um salário mínimo, exceto se contribuírem como segurados facultativos, hipótese em que o benefício será calculado conforme a regra geral. Até a Constituição de 1988 e Lei n. 8.213/91, o segurado rural tinha direito a pensão no valor de 50% do maior salário mínimo nacional.

Calculado o valor do benefício de pensão, este é dividido em partes iguais entre todos os dependentes habilitados ao benefício, as chamadas quotas de pensão. A eventual falta de habilitação de um potencial dependente não impede que o benefício seja concedido aos que já se habilitaram; quando o retardatário promover sua habilitação, as quotas de todos serão recalculadas, com efeitos financeiros contados da data da inscrição do novo beneficiário (art. 76, Lei n. 8.213/91).

Se o requerimento é apresentado em até 30 dias após o óbito, o benefício retroage à data do falecimento.[97] Até a vigência da Lei n. 9.528/97 o benefício era pago desde a data do óbito, independentemente da data de apresentação do pedido; somente para falecimentos verificados a partir de 11 de novembro de 1997 é que se aplica o prazo previsto na lei atualmente em vigor. Ultrapassado esse prazo, o benefício é devido desde a data do requerimento. No caso de morte presumida por ausência, o prazo é contado a partir da data da decisão judicial ou, sendo essa decorrente de catástrofe, acidente ou desastre, poderá ser concedida a pensão a contar da data da ocorrência, desde que requerida em até 30 dias a contar desta e mediante apresentação de prova hábil.[98]

O direito a pleitear o benefício não está sujeito à prescrição ou decadência, porém prescrevem em cinco anos as prestações não recebidas em época própria (art. 103, parágrafo único, Lei n. 8.213/91). Quando se trata de pensionistas incapazes, os prazos passam a correr a partir da data em que completarem 16 anos, ou da data em que cessar a incapacidade absoluta pela emancipação.

---

(96) Segurado especial é a pessoa física residente no imóvel rural ou em aglomerado urbano ou rural próximo a ele que, individualmente ou em regime de economia familiar, ainda que com o auxílio eventual de terceiros, explore atividade agropecuária, de seringueiro ou extrativista vegetal, pescador artesanal ou assemelhado, e seu cônjuge ou companheiro e filhos maiores de 16 anos de idade que, comprovadamente, trabalhem com o grupo familiar respectivo.
(97) Alguns doutrinadores entendem que esse prazo de trinta dias é muito curto, por exemplo RAMALHO. Op. cit., p. 78, e IBRAHIM. Op. cit., p. 642-643.
(98) Note-se que a Lei n. 8.213/91 não traz, expressamente, a exigência do requerimento no prazo de 30 dias após o acidente, desastre ou catástrofe para que o benefício seja pago desde a data da ocorrência; esta exigência consta da Instrução Normativa INSS/PRES n. 20, de 11 de outubro de 2007, art. 265, inc. II, d.

Com a perda da condição de dependente por qualquer dos beneficiários, extingue-se seu direito a pensão e o valor das quotas dos demais beneficiários, se houver, será recalculado. Assim, o valor global do benefício de pensão não sofre alteração, mas o valor da quota de cada beneficiário será majorado.

Ocorrerá a perda da qualidade de dependente e, se o dependente estiver em gozo do benefício de pensão, este será extinto, nas seguintes situações:

- falecimento do pensionista;
- para filhos, equiparados e irmãos, ao completar 21 anos ou ao ser emancipado;
- para pensionistas inválidos, ao cessar a invalidez ou ao ser emancipado, exceto se a emancipação for decorrente de colação de grau científico em curso de ensino superior (art. 114, inc. III, do Decreto n. 3.048/99);
- para o filho que recebe pensão por morte de seus pais biológicos, ao ser adotado (art. 114, inc. IV, Decreto n. 3.048/99), exceto se adotado por cônjuge ou companheiro de seu ascendente.

Conforme se nota, a única causa de extinção da pensão para cônjuge, companheiro(a) ou pais é o falecimento. O casamento não é hipótese de extinção do direito à pensão, exceto para filhos, equiparados e irmãos menores de 18 anos, inclusive inválidos, visto que do casamento decorre a emancipação (conforme art. 5º, inc. II, do Código Civil).

Porém, nem sempre foi assim. Na década de 20, quando se iniciou o sistema previdenciário brasileiro, o casamento era causa de extinção da pensão para viúvas, filhas, pais e irmãs. Na época dos Institutos de Aposentadorias e Pensões (décadas de 30 a 60) e na vigência da LOPS (Lei n. 3.807/60), a pensionista que se casava perdia direito ao benefício. Foi somente com a Lei n. 8.213/91 que se passou a permitir o recebimento do benefício por pessoas casadas. Esse tema será abordado na próxima seção.

Quando se perde a qualidade de dependente e, assim, é extinto o direito à pensão, não há como restabelecer a situação prévia. Ainda que o indivíduo fique posteriormente inválido, não poderá retomar o gozo do benefício. Poderá, se for o caso, iniciar o gozo de um benefício previdenciário decorrente de atividade laborativa desenvolvida no período anterior à invalidez, mas não há possibilidade de reativar a pensão por morte.

Quanto à acumulação de benefícios, a pensão por morte pode ser recebida em conjunto com qualquer outro benefício previdenciário. Até a Lei n. 9.032/95, era possível acumular duas pensões de cônjuge ou companheiro, porém atualmente, salvo os direitos adquiridos anteriormente, o beneficiário deve escolher o benefício mais vantajoso.

A pensão por morte pode também ser acumulada com renda do trabalho — exceto no caso de pensionistas inválidos, pois o desenvolvimento de atividade laborativa descaracteriza a invalidez.

A rigor, o pensionista menor que exerce atividade remunerada, seja de forma autônoma ou mediante contrato de trabalho, perderia o direito à pensão, pois se trata de hipótese de emancipação prevista no parágrafo único do art. 5º do Código Civil. Na prática, a extinção do benefício com base nesse pressuposto tende a ser difícil, seja pela complexidade operacional para verificação das informações dos diversos bancos de dados, seja pela inexatidão do conceito civil, que vincula esta hipótese de emancipação à existência de "economia própria" por parte do menor, sem que haja uma definição clara de o que e quanto caracterizaria essa "economia própria". Ademais, negar a pensão ao jovem que trabalha e manter o direito ao viúvo(a) que trabalha seria uma interpretação legal no mínimo injusta e incoerente com os princípios constitucionais de proteção à família e ao menor. Esse tema, no entanto, será melhor analisado na próxima seção.

2.5. Custeio

Buscando a perfeita compreensão do benefício em análise, é essencial compreender a forma e as fontes de seu custeio.

A Previdência Social opera em regime de repartição simples, também chamado regime de caixa ou *pay-as-you-go*. Neste sistema, os recursos arrecadados junto aos segurados, empregadores e demais contribuintes são imediatamente empregados no pagamento dos benefícios, sem que haja formação de reservas ou segregação de capital para suportar os compromissos futuros.[99] Dito em outras palavras, a atual geração de trabalhadores (os que contribuem para o sistema) paga os benefícios da atual geração de aposentados e pensionistas, pressupondo que, quando atingir a inatividade, haverá uma nova geração que pagará sua aposentadoria.[100]

---

(99) DAL BIANCO, Dânae; OLIVEIRA, Heraldo Gilberto de; LIMA, Iran Siqueira; CECHIN, José. *Previdência de servidores públicos* — inclui comentários à reforma do Estado de São Paulo. São Paulo: Atlas, 2009. p. 12.
(100) Outros regimes em que operam sistemas previdenciários são:
— capitalização: as contribuições recolhidas pelos segurados são acumuladas em contas de poupança específicas (individuais ou globais), remuneradas pela rentabilidade dos investimentos, e o saldo da conta é utilizado para o pagamento dos benefícios daquele mesmo segurado ou grupo de segurados;
— repartição de capitais de cobertura: as contribuições são calculadas, a cada período, para capitalizar as reservas necessárias ao pagamento dos benefícios que tiveram início naquele mesmo período. (DAL BIANCO *et al., op. cit.*, p. 12-13).

Para o financiamento de benefícios de risco, como a pensão por morte, a repartição simples pode ser um critério adequado, assemelhando-se ao financiamento de um seguro: todos contribuem com pequenos valores para arcar com o pagamento dos benefícios devidos àquelas poucas pessoas afligidas pelo evento danoso. As orientações técnicas do Ministério da Previdência Social recomendam a adoção da repartição de capitais de cobertura para este tipo de benefício, no caso de planos de previdência complementar (Resolução CGPC n. 18/06) e no caso de regimes próprios de previdência de servidores públicos (Portaria MPS n. 403/08) — essa forma de custeio é um misto de repartição e capitalização, na qual se constituem reservas suficientes para o pagamento dos benefícios concedidos em um dado período, repartindo-se o custo de formação dessas reservas entre todos os segurados que contribuem naquele mesmo período.

Não há fontes de custeio específicas para o benefício de pensão por morte. As contribuições sociais são destinadas ao custeio global dos benefícios da Previdência e da Seguridade Social, sem que haja, com poucas exceções, a especificação de quais contribuições são direcionadas ao pagamento de quais benefícios.

As contribuições para a Seguridade Social têm três bases de incidência principais: folha de pagamentos, faturamento (ou receita) e lucro. Os valores arrecadados na primeira são destinados exclusivamente ao custeio dos benefícios da Previdência Social, em atenção ao que determina o art. 167, inc. XI, da Constituição, sendo os recursos arrecadados das demais fontes destinados tanto à Previdência quanto às outras ações da Seguridade (Saúde e Assistência Social).

Até março de 2007, a arrecadação e a fiscalização das contribuições sociais eram divididas entre dois órgãos, o Instituto Nacional do Seguro Social — INSS, em relação às contribuições incidentes sobre folha previstas na Lei n. 8.212/91, e a Receita Federal, em relação às demais contribuições sociais, especialmente PIS, COFINS e CSLL. A partir da vigência da Lei n. 11.457/07, toda a arrecadação de contribuições sociais foi unificada na Receita Federal do Brasil.

Dados do Ministério da Previdência Social[101] mostram que a arrecadação líquida do Regime Geral de Previdência Social é menor que a despesa com benefícios. Em setembro de 2010, a arrecadação líquida (acumulada em 12 meses) foi da ordem de R$ 204 bilhões, ao passo que as despesas com pagamento de benefícios previdenciários (também acumuladas em 12 meses) foram de R$ 247 bilhões. Há informações sobre o valor alocado ao pagamento

---

(101) BRASIL, MPS, BEPS, 2010b, Tabela 1 — Grandes Números da Previdência Social.

de benefícios de pensão por morte, as quais serão analisadas na seção seguinte, porém não há como cotejar despesas e arrecadação para este benefício pois, como dito, não há especificação de contribuições direcionadas a seu financiamento. Os déficits no pagamento de benefícios previdenciários são suportados pela União.

2.6. Administração

O Regime Geral de Previdência Social é administrado pelo Instituto Nacional do Seguro Social — INSS, autarquia federal, criada em 1990 (Lei n. 8.029/90) pela fusão do INPS com o IAPAS.

Até 2007 essa autarquia também era responsável pela cobrança, arrecadação e fiscalização das contribuições sociais previstas na Lei n. 8.212/91 incidentes sobre a folha de pagamentos, estando atualmente tal atribuição a cargo da Receita Federal do Brasil.

Restam com o INSS as atividades relacionadas à concessão, manutenção e extinção de benefícios previdenciários, bem como alguns outros benefícios que lhe são competência legal, como os benefícios assistenciais previstos na Lei Orgânica da Assistência Social — LOAS (Lei n. 8.742/93) e Encargos Previdenciários da União, que compreendem alguns benefícios de aposentadoria e pensões dos servidores civis e militares da administração direta da União e benefícios concedidos através de leis especiais, que são pagos pelo INSS com recursos da União, como, por exemplo, benefícios às vítimas da "Síndrome da Talidomida" e da hemodiálise no Instituto de Doenças Renais de Caruaru/PE.

3

ALGUNS TÓPICOS DE RELEVÂNCIA SOBRE O BENEFÍCIO PREVIDENCIÁRIO DE PENSÃO POR MORTE

3.1. A emancipação e o limite etário de 21 anos para o recebimento da pensão por filhos e irmãos, face ao Novo Código Civil

Conforme apontado na seção anterior, a legislação previdenciária estabelece o limite etário de 21 anos para que filhos e irmãos, desde que não emancipados, figurem como dependentes do segurado e, com seu falecimento, fruam o benefício de pensão por morte. A doutrina majoritária afirma que a redução do limite etário da maioridade civil, de 21 para 18 anos, operada pelo novo Código Civil (Lei n. 10.406/02), não afetou essa idade limite, pois a norma previdenciária é, neste caso, específica em relação à norma geral do direito civil.[102]

No entanto, a não emancipação é um requisito essencial para que o menor tenha direito ao benefício, que passou a ser exigido a partir de abril de 1995, com o advento da Lei n. 9.032/95.

Emancipação é um instituto típico do Direito Civil, pelo qual uma pessoa abaixo do limite etário definido em lei para a plena capacidade civil (maioridade) assume essa capacidade, passando a possuir direitos e obrigações semelhantes aos de pessoas acima do referido limite etário.

A legislação civil leva em consideração, para definir conceitos como maioridade, menoridade, incapacidade e emancipação, a capacidade de prática dos atos da vida civil, ou seja, a aptidão e o discernimento para o exercício livre, pleno e pessoal de seus direitos, bem como para o cumprimento de seus deveres na esfera civil. A emancipação é irrevogável: uma vez concedida ou obtida, habilita plenamente o beneficiado para todos os atos da vida civil, não retornando ele à condição de incapaz caso a causa da emancipação, por qualquer razão, se desfaça.[103]

---

(102) Entre outros, MARTINS. *Op. cit.*, 2007, p. 294-295; IBRAHIM. *Op. cit.*, p. 513; BOCHENEK. *Op. cit.*, p. 328; VIANNA, J. *Op. cit.*, p. 415; GOES. *Op. cit.*, p. 99.
(103) PEREIRA, Caio Mário da Silva. *Instituições de direito civil* — Introdução ao direito civil: teoria geral do direito civil. 21. ed. Rio de Janeiro: Forense, 2006. v. 1, p. 292-293.

Para a esfera previdenciária o conceito determinante não é exatamente a capacidade para os atos da vida civil, mas sim a dependência econômica. Benefícios previdenciários como a pensão por morte são destinados a colaborar para o sustento financeiro dos dependentes de segurados falecidos. A aptidão para a prática dos atos da vida civil não implica, necessariamente, independência econômica.

Vemos que a legislação previdenciária adota critérios e parâmetros, alguns deles emprestados do Direito Civil, para facilitar a definição de quem seriam os dependentes do segurado. Um desses critérios é a não emancipação. Filhos não emancipados são considerados dependentes preferenciais do segurado e não necessitam comprovar a dependência econômica perante o falecido para ter acesso ao benefício de pensão por morte. Já aos emancipados se presume o oposto — a independência econômica perante o segurado — e não lhes é facultada a prova em contrário.

Porém, com a alteração no Código Civil, criou-se um descompasso entre as duas legislações. Até então, a maioridade civil se adquiria aos 21 anos, e o benefício previdenciário se encerraria também aos 21 anos, exceto no caso de dependente inválido. Agora, a maioridade civil começa aos 18 anos, mas os benefícios previdenciários continuam em pagamento até os 21 anos — durante até 3 anos podem ser pagos benefícios previdenciários a pessoas plenamente capazes para os atos da vida civil.

Até aí, não há nenhum problema. Trata-se de um critério eleito pela legislação previdenciária — a idade de 21 anos — que não necessita ser idêntico ao critério da legislação civil.[104] No entanto, esse descompasso entre as idades limites pode gerar situações merecedoras de análise jurídica mais delicada.

O problema surge porque a emancipação, por definição, é um ato que pode acontecer com pessoas até 18 anos de idade. Assim, um indivíduo que se casou aos 16 anos terá se emancipado e, caso seu genitor faleça, não terá direito ao benefício. Porém, se houvesse se casado somente após completar 18 anos, não haveria emancipação e o dependente teria direito ao benefício até completar 21 anos.[105] O mesmo acontece em qualquer hipótese

---

(104) Da mesma forma que, como apontado na seção precedente, o critério de dependência econômica adotado pela legislação previdenciária é distinto do adotado pela tributária.
(105) A Orientação Normativa INSS n. 20/2007 adota claramente essa solução: "Art. 25 [...] § 3º A dependência econômica do filho é presumida até os 21 anos, nos termos do art. 16, inciso I da Lei n. 8.213/91, exceto se houver emancipação, que poderá ocorrer somente entre os 16 e 18 anos na forma do Parágrafo único do art. 5º do Código Civil. O filho maior de 18 anos não tem aptidão jurídica para emancipar-se, posto que tal somente é possível no caso dos incapazes menores de 18 anos."

de emancipação: concessão dos pais, exercício de cargo público efetivo,[106] colação de grau em curso de ensino superior[107] ou pelo estabelecimento civil ou comercial ou existência de relação de emprego, desde que, em função deles, o menor com dezesseis anos completos tenha economia própria. Se alguma dessas situações ocorre antes do dependente completar 18 anos, ele perde a condição de dependente — ainda que seja inválido — e, com isso, perde o direito ao benefício de pensão por morte. Caso aconteçam depois dos 18 anos, não afetarão seu direito.[108]

Essa diferenciação não parece razoável. Ideal seria que os mesmos critérios fossem adotados para todos os dependentes dessa categoria (filhos e irmãos), independentemente da idade.

Dias e Macêdo apontam esse descompasso entre a legislação civil e a previdenciária e concluem que as hipóteses de emancipação civil deveriam ser aplicadas aos filhos e irmãos até completarem 21 anos de idade, ou, nas palavras dos autores, "diante da verificação de uma das hipóteses de emancipação para o filho e irmão válidos entre 16 e 21 anos haverá a antecipação da 'maioridade' previdenciária."[109]

Mesmo sendo uma interpretação que solucione a discrepância de tratamento acima apontada, não parece ser a melhor solução. Mais justo e adequado aos princípios da proteção ao menor e à família e aos princípios da seletividade e solidariedade da Seguridade Social, seria que as hipóteses de perda do direito ao benefício previdenciário válidas para uma categoria de dependentes fossem aplicadas, respeitadas as peculiaridades de cada uma dessas categorias, a todas as demais. Nesse sentido, cada hipótese de emancipação deveria ser analisada separadamente e, sendo vislumbrada como critério relevante perante o direito previdenciário, discutida sua aplicação a todas as categorias de dependentes.

Dessa maneira, com base em argumentos adiante comentados, o casamento — que atualmente é hipótese de perda da qualidade de dependente somente para menores de 18 anos — deveria ser hipótese de perda dessa qualidade em todas as situações, inclusive no caso de cônjuge, companheiro, pais e mães.

---

(106) O Código Civil fala em "exercício de emprego público efetivo", porém o termo mais adequado no âmbito do Direito Administrativo é o "exercício de cargo público de provimento efetivo".
(107) Há uma exceção, no art. 17, inc. III do Decreto n. 3.048/99, prevendo que a colação de grau científico em curso de ensino superior não seria motivo de extinção da pensão, porém esta exceção se aplica somente ao filho inválido.
(108) Aqui é importante esclarecer que mesmo o dependente inválido que incorrer em qualquer das hipóteses de emancipação após completar 18 anos não perderá a condição de dependente.
(109) DIAS; MACÊDO. *Op. cit.*, p. 168.

Já a posse em cargo público, a existência de relação de emprego ou de estabelecimento civil ou comercial em razão do qual o indivíduo possua "economia própria" pode ser definida como hipótese de extinção do direito à pensão, pois evidencia a inexistência de dependência entre o dependente e o segurado.

No entanto, trata-se de critério complexo, pois abrange elementos indeterminados: o que é "economia própria"?[110] A partir de quando e como se daria a emancipação do menor nessa situação? Rossi[111] analisa essa hipótese de emancipação e chama a atenção para as armadilhas que encerra. A emancipação não decorreria somente da existência de uma relação de emprego remunerada ou de independência financeira do menor face aos seus representantes legais, afinal de contas o simples fato de auferir remuneração não significa que o menor tenha a maturidade necessária à prática dos atos da vida civil. Haveria elementos objetivos e subjetivos a se analisar. Os primeiros transparecem pela própria condição de empregado e dos rendimentos auferidos e também pela plena independência gerencial de seus negócios — o amadurecimento suficiente para deles dispor —, que seriam indícios, mas não certeza, de emancipação.[112] Os elementos subjetivos demandam a análise da situação específica do indivíduo, de seu desenvolvimento moral e psicológico, que indicariam se ele tem ou não desenvolvimento suficiente, revelando-se assim apto à emancipação, sob pena de se traduzir o dispositivo legal sob comento em nociva arma operante contra aqueles a quem se pretendeu beneficiar.

Qualquer que seja o conceito de "economia própria" adotado, deveria ser aplicado a todas as categorias de beneficiários. Prever que somente filhos menores de 18 anos perdem a condição de dependente ao possuir renda derivada de seu trabalho ou de seu empreendedorismo e não estender essa hipótese aos demais dependentes viola a racionalidade que deve fundamentar o ordenamento jurídico e penaliza o menor, justamente aquele que a Constituição elegeu por princípio valorizar e proteger.

É necessário que haja um tratamento isonômico entre todos os dependentes e, no âmbito desta última questão, isso poderia ser obtido

---

(110) No caso de posse em cargo público, não se exige a "economia própria"; a emancipação ocorre qualquer que seja a remuneração recebida pelo menor.
(111) ROSSI, Alexandre Chedid. Novas regras civilistas sobre emancipação do menor e seus reflexos no direito material e processual do trabalho: análise, conceito e caracterização da economia própria derivada da relação de emprego. *Revista do Tribunal Regional do Trabalho da 15ª Região*, Campinas, n. 25, p.78-91, 2004.
(112) Este e outros autores (como VENOSA, Sílvio de Salvo. *Direito Civil:* parte geral. 7. ed. São Paulo: Atlas, 2007. p. 149) entendem que tal hipótese de emancipação dependeria de pronunciamento judicial.

relativizando o conceito de presunção adotado em face dos dependentes preferenciais: comprovado que não há dependência econômica, ou que esta é mínima, não se configuraria a dependência para fins previdenciários. Isto será abordado em item específico adiante.

Quanto às demais hipóteses de emancipação — concessão dos pais e colação de grau em curso superior —, elas não implicam necessariamente independência econômica dos filhos em relação aos pais, especialmente a primeira. Buscando conferir tratamento isonômico aos dependentes do segurado, seria adequado que não fossem consideradas hipóteses de perda dessa qualidade para filhos e irmãos menores de 18 anos.

3.2. O direito à pensão até os 21 anos para o menor tutelado

Reflexo da redução da maioridade civil, com o novo Código Civil a idade limite para a tutela passou a ser 18 anos. Assim, o "menor tutelado" a que se refere o § 2º do art. 16 da Lei n. 8.213/91 é somente aquele com idade até 18 anos, conforme art. 36 do Estatuto da Criança e do Adolescente (ECA) — Lei n. 8.069/90, alterado pela Lei n. 12.010/09. Pessoas acima de 18 anos não são sujeitas à tutela, já que detentoras de plena capacidade para os atos da vida civil.

Porém, tendo em vista que a legislação previdenciária equipara o menor tutelado ao filho do segurado, resta a indagação: com a alteração do Código Civil e do ECA, o menor tutelado continuaria configurado como dependente do segurado após completar 18 anos de idade e até atingir 21 anos?

A Lei n. 8.213/91 é uma norma específica, tanto em relação ao Código Civil, quanto em relação ao ECA;[113] ela determina a equiparação entre menores tutelados e filhos, conferindo a ambos — uma vez comprovada a dependência econômica pelo menor tutelado — exatamente os mesmos direitos previdenciários na qualidade de dependentes preferenciais do segurado. Seria incongruente dispensar tratamento mais privilegiado a um — o filho — em detrimento de outro — o tutelado. A prosperar esse entendimento, não haveria equiparação.

Portanto, uma interpretação razoável seria entender que a pessoa entre 18 e 21 anos que foi tutelada pelo segurado até completar 18 anos, ou até a data de falecimento do segurado, comprovada a dependência econômica, deve permanecer com a qualidade de dependente previdenciário equiparado a filho até completar 21 anos de idade.

---

(113) RAMALHO. *Op. cit.*, p. 105; a posição da 3ª Turma do STJ também é neste sentido (Resp 773.994/SP).

3.3. O casamento e a perda do direito à pensão

O casamento não é hipótese de perda da qualidade de dependente. Conforme já abordado, somente no caso de menores de 18 anos é que, indiretamente, o casamento implica a perda dessa qualidade, pois dele decorre a emancipação. Assim, o entendimento do INSS, expresso na Instrução Normativa INSS n. 20/2007, art. 22, § 2º, é que o cônjuge ou o companheiro não perde o direito à pensão com o casamento, porém filhos ou irmãos, inclusive se forem inválidos, o perdem.[114]

Já se pontuou, acima, a necessidade de estabelecer critérios uniformes para o tratamento de todos os filhos e irmãos: se o casamento é considerado hipótese de perda da qualidade de dependente para menores de 18 anos, deveria também o ser para aqueles entre 18 e 21 anos de idade, ou o contrário.

Agora se pretende analisar se o casamento e a união estável devem ser considerados, para os dependentes em geral, uma forma de perda dessa qualidade.

A questão deve ser vista sob o prisma que o casamento significa a constituição de uma nova família. No caso dos filhos, o vínculo familiar primário do indivíduo deixa de ser com seus genitores e passa a ser com seu cônjuge, dando início a uma nova etapa de vida em que a pessoa, antes na posição de filho(a), passará à de marido/esposa e, provavelmente, à de pai/mãe. Reorganizam-se as relações de dependência, mútua assistência e apoio moral e social, que passam a ter como centro de gravitação o novo casal e seus eventuais filhos.

Processo semelhante se dá no caso de pessoa viúva, que pode viver só ou com seus descendentes: o casamento propicia a criação de um novo núcleo familiar. A comunhão de vida e as obrigações de mútua assistência passam a se desenvolver nesse novo núcleo familiar, do qual o falecido cônjuge nunca participou.

---

(114) A doutrina aponta algumas posições contrárias a esse entendimento. Para Horvath Júnior essa "vedação implicaria jogar o inválido na clandestinidade sexual uma vez que, caso venha a contrair matrimônio, perderia a qualidade de dependente, enquanto que, se mantivesse relações sexuais espúrias, manteria a qualidade de dependente" (HORVATH JR. Op. cit., p. 112).
(115) Nesse sentido, BARROS, Vera Regina Cotrim. Pensão por morte no regime geral da previdência social. Dissertação (mestrado em Direito). São Paulo: Pontifícia Universidade Católica de São Paulo — PUC/SP, 2008. p. 164; GAMA. Op. cit., p. 127; DERZI, Heloísa Hernandez. Os beneficiários da pensão por morte: regime geral de previdência social. São Paulo: Lex, 2004. p. 231.

Com a nova união, a codependência e a obrigação de mútua assistência se deslocam para o novo casal, extinguindo-se o papel do antigo provedor — fosse ele o pai, a mãe, o cônjuge, o irmão ou o filho. Há um núcleo familiar jurídica e socialmente reconhecido, que deve assumir os papéis que lhe são inerentes, entre eles o papel do amparo econômico.[115] A sociedade não deve financiar determinadas famílias com base no fundamento que, um dia, no passado, um dos elementos do casal foi viúvo, ou órfão ou perdeu o filho ou o irmão. Não há razão para que a previdência sustente núcleos familiares outros que não o do segurado falecido.

Gama sustenta que, ainda que não exista previsão legal de extinção do direito ao benefício em face do casamento do pensionista, esta seria a interpretação correta a ser dada à situação.

> [...] sendo a solidariedade substituída por outra relação jurídica existencial, como na hipótese do casamento do titular do direito à pensão [...] a hipótese é logicamente de extinção da pensão, não sendo sustentável juridicamente que tal hipótese não esteja expressamente elencada nas leis que regem os diversos Regimes de Previdência Social. [...] Assim, por exemplo, o princípio geral que veda o enriquecimento sem causa deve ser aplicado exatamente nas hipóteses de beneficiários de pensão que venham a contar com a assistência material de novos cônjuges ou companheiros [...][116]

Além do princípio da vedação ao enriquecimento sem causa, referido autor lembra que o Código Civil, art. 1.708, prevê que com o casamento, união estável ou concubinato do credor de alimentos cessa o dever de prestá-los pelo devedor.[117] Mais ainda, toma por base os valores e os princípios da solidariedade, democracia e respeito aos direitos humanos expressos em nossa Constituição para afirmar que, não existindo mais a contingência social que deu origem ao benefício previdenciário, "inexiste fundamento de validade constitucional para a continuidade da existência do direito à percepção de tal benefício."[118]

Não obstante, o entendimento corrente é que, não havendo expressa previsão legal, o pensionista que contrai novas núpcias ou passa a viver em união estável não perde o direito ao benefício.

Se observarmos a evolução do direito previdenciário, vemos que desde seu nascedouro houve a preocupação em amparar somente as pessoas que dependiam do segurado falecido e que mantinham, ao longo do tempo, tal

---

(116) GAMA. *Op. cit.*, p. 126-127.
(117) Na obra referida, editada ainda sob a vigência do Código Civil de 1916, o autor faz referência ao art. 29 da Lei n. 6.515/77.
(118) *Ibid.*, p. 217.

característica. Nas décadas de 20 e 30 do século passado, época da Lei Eloy Chaves, o casamento era uma forma de extinção do direito ao benefício, bem como na antiga Lei Orgânica da Previdência Social — LOPS e no Pró-Rural.

Mesmo havendo previsão expressa na LOPS (art. 39, alínea b) de extinção da pensão com o casamento do pensionista, a discussão foi levada ao atualmente extinto Tribunal Federal de Recursos, que em 1984 editou a Súmula n. 170: "não se extingue a pensão previdenciária, se do novo casamento não resulta melhoria na situação econômico-financeira da viúva, de modo a tornar dispensável o benefício."[119] O STJ continua a aplicar tal Súmula quando se trata de benefícios concedidos sob a égide de tal legislação, garantindo ao pensionista a manutenção do benefício após novo casamento do qual não tenha resultado melhoria em sua condição econômica, ou caso o benefício tenha sido cancelado sem que lhe tenha sido oportunizada a comprovação de tal situação.[120]

Somente com a Lei n. 8.213/91 é que se passou a permitir o pagamento de pensão a dependentes casados. Barros[121] nos informa que, ainda assim, o INSS sustentou a manutenção do casamento como forma de extinção do benefício, chegando inclusive a cancelar alguns benefícios, mas ao final não logrou êxito. Atualmente a autarquia adota o entendimento que, ante a inexistência de expressa vedação legal, o dependente casado mantém o direito à pensão por morte.

Frise-se que a pensão aos filhos do segurado falecido é devida enquanto estes mantiverem a condição de dependentes e desde que solteiros, não afetando seu direito o fato de seu genitor ainda vivo ter contraído novas núpcias, pois isto não lhes modifica a filiação e, caso o segurado estivesse vivo, não perderia este a obrigação de colaborar para o sustento dos filhos.

---

(119) Alguns doutrinadores entendem que tal Súmula estaria ainda a produzir efeitos e, interpretando-a *a contrario sensu*, afirmando que caso do novo casamento resulte melhora na situação econômico-financeira da viúva, o benefício previdenciário estaria extinto (VIANNA, J. *Op. cit.*, p. 537-538). Demo e Somariva também parecem entender da mesma forma (DEMO, Roberto Luís Luchi; SOMARIVA, Maria Salute. Pensão por morte previdenciária — Aspectos materiais e processuais, atualidades, sucessão legislativa e jurisprudência dominante. *Revista de Previdência Social*, São Paulo, v. 29, n. 293, p. 239- 245, abr. 2005). Tal entendimento é correto para os benefícios concedidos sob a égide da LOPS.
(120) Entre outros, REsp 7.747/SP, Rel. Min. Milton Luiz Pereira, 1ª Turma, j. 6.6.1994, DJ 27.6.1994, p. 16884; REsp 223.809/SC, Rel. Min. Gilson Dipp, 5ª Turma, j. 1º.3.2001, DJ 26.3.2001, p. 444; REsp 1.108.623/PR, Rel. Min. Jorge Mussi, 5ª Turma, j. 16.6.2009, DJe 3.8.2009; REsp 337.280/SP, Rel. Min Gilson Dipp, 5ª Turma, j. 19.3.2002, DJ 22.4.2002, p. 233.
(121) BARROS. *Op. cit.*, p. 163.

A experiência internacional nos mostra que em diversos países a nova união do pensionista implica a extinção do benefício por morte do ex-cônjuge ou ex-companheiro que lhe vinha sendo pago, o que ocorre, como regra geral, dentre os países latino-americanos pesquisados, no México,[122] Peru,[123] Uruguai[124] e Venezuela,[125] bem como em todos os países europeus pesquisados (Alemanha,[126] Espanha,[127] França,[128] Itália,[129] Portugal,[130] Reino Unido[131] e Suécia[132]).

Vemos que neste particular o caminho trilhado pela legislação previdenciária foi semelhante ao verificado na evolução da forma de definição do *quantum* do benefício. Ao invés de privilegiar a utilização racional dos recursos públicos no amparo àquelas pessoas que dependiam do segurado falecido, caminhou-se no sentido de ampliar a proteção, direcionando-a a situações em que não se tem necessariamente caracterizada a dependência econômica.

Poderiam alguns argumentar que se trata da universalização da proteção previdenciária. Ao contrário, trata-se do desrespeito ao princípio constitucional da seletividade, que direciona o legislador a selecionar, com base em critérios justos e adequados, quais os indivíduos mais necessitados da proteção social.

---

(122) Com o novo casamento do pensionista é pago um pecúlio correspondente a 3 anos de pensão. CAETANO, Marcelo Abi-Ramia. *Determinantes da sustentabilidade e do custo previdenciário:* aspectos conceituais e comparações internacionais. Texto Para Discussão n. 1226. Brasília: IPEA, outubro de 2006, p. 25; SSA. *Op. cit.*, 2010. p. 143.
(123) SSA — SOCIAL SECURITY ADMINISTRATION. *Social Security Programs Throughout The World: Americas, 2009.* Washington, DC: SSA Publication, 2010. p. 164.
(124) OISS — Organización Iberoamericana de Seguridad Social. *Banco de Información de los sistemas de seguridad social iberoamericanos.* Madrid: OISS, 2007. p. 569; SSA. *Op. cit.*, 2010. p. 191.
(125) OISS. *Op. cit.*, p. 569. Com o novo casamento do pensionista é pago um pecúlio equivalente a 2 anos de pensão; SSA. *Op. cit.*, 2010. p. 196.
(126) SSA — SOCIAL SECURITY ADMINISTRATION. *Social Security Programs Throughout The World: Europe, 2008.* Washington, DC: SSA Publication, 2008. p. 116.
(127) PASTOR, Jose Manuel Almansa. *Derecho de la seguridad social.* 7. ed. Madrid: Tecnos, 1991. p. 445; SSA. *Op. cit.*, 2008. p. 300.
(128) PIETERS, Danny. *Introducción al derecho de la seguridad social de los países miembros de la comunidad económica europea.* Tradução de Eduardo Larrea Santaolalla. Madrid: Civitas, 1992. p. 127-128.
(129) PIETERS. *Op. cit.*, p. 262. O pensionista, por ocasião do novo casamento, recebe uma soma equivalente a dois anos de pensão.
(130) *Ibid.*, p. 311.
(131) *Ibid.*, p. 187: a pensão se extingue em caso de novo matrimônio, mas fica apenas suspensa em caso de convivência. VENTURI, Augusto. *Los fundamentos científicos de la seguridad social.* Madrid: Ministério de Trabajo y Seguridad Social, 1994. p. 506, informa que em caso de novo casamento a viúva recebe um valor equivalente a um ano de pensão.
(132) SSA. *Op. cit.*, 2008. p. 306.

Sabemos que é impossível, dada a limitação de recursos materiais, pessoais e financeiros, atender a toda e qualquer necessidade social. É necessária uma série de decisões alocativas que consistem em selecionar quais serão os beneficiários e em que condições as prestações serão oferecidas. Assim, o princípio constitucional da seletividade na prestação dos benefícios e serviços da Previdência Social está relacionado à escolha dos melhores critérios para identificar os beneficiários de cada programa social, direcionando as ações às necessidades de maior relevância social.[133] Seletividade e universalidade não são princípios que se excluem, ao contrário, se complementam: o primeiro irá definir os critérios para concessão dos benefícios e o segundo irá buscar que todas as pessoas que se enquadrem nesses critérios tenham o efetivo acesso aos benefícios.[134]

Gama se apoia justamente nesses princípios para concluir pela inadequação do direito posto:

> [...] Logo, a necessidade do pensionista passa a ser suprida pelo seu cônjuge ou companheiro, desobrigando o Poder Público de continuar a proteger situação que não mais persiste, diante do surgimento da nova família. [Isso fará com] que seja preservada a solidariedade no âmbito do Poder Público nas outras relações securitárias, em que a necessidade efetivamente se faça presente.
> A perda da condição de pensão, relativamente à pessoa que era casada ou companheira do segurado até o momento da morte deste, também deve ocorrer no caso de novo casamento ou companheirismo assumido pelo pensionista.[135]

A manutenção do benefício previdenciário de pensão por morte a beneficiários casados revela uma falha na aplicação do princípio da seletividade, essencial ao sistema previdenciário.

Essa mesma linha de raciocínio nos leva ao questionamento da necessidade e da legitimidade de concessão de benefício previdenciário a pessoas que não dependiam economicamente do segurado falecido.

3.4. A pensão por morte e a presunção da dependência econômica

Como já dito, a pensão por morte é um benefício destinado a amparar economicamente o núcleo familiar que dependia do segurado falecido. A

---

(133) ASSIS. *Op. cit.*, p. 66-71; IBRAHIM. *Op. cit.*, p. 67-68; MARTINEZ, Wladimir Novaes. *A Seguridade Social na Constituição Federal:* de acordo com a Lei n. 8.212/91 e Lei n. 8.213/91. São Paulo: LTr, 1992. p. 44.
(134) DAL BIANCO, Dânae. *Princípios constitucionais da previdência social.* São Paulo: LTr, 2011. p. 37.
(135) GAMA. *Op. cit.*, p. 214-215.

Previdência Social tem por finalidade amparar os segurados nas situações em que lhes é impossibilitado prover sua subsistência e de sua família por meio do trabalho, o que faz com que o critério para a definição dos dependentes do segurado para efeitos de habilitação ao benefício de pensão por morte seja a dependência econômica.

A legislação vigente considera que, em se tratando de determinados familiares do falecido, a dependência econômica de uns perante os outros é presumida, independendo de prova pelo interessado e, inclusive, vedada a prova em contrário pelo órgão concessor do benefício. Não obstante, alguns doutrinadores entendem que a presunção é relativa, admitindo prova em contrário pelo INSS.[136]

Concorda-se que, em certos casos, a dependência econômica é e deve ser presumida. Filhos menores de 16 anos certamente são e devem continuar a ser dependentes dos pais, exceto em situações excepcionais como o casamento. Mesmo que desenvolvam atividade econômica — hipótese que, atualmente, só é possível na condição de menor aprendiz —, trata-se de uma etapa essencial ao desenvolvimento do ser humano que não lhe deve ser abreviada ou interrompida. Quando se trata de adolescentes entre 16 e 18 anos, é possível que já tenhamos pessoas com desenvolvimento físico e moral completo, com capacidade para a vida civil e independência econômica — porém esta tende a ser a exceção. Até os dezoito anos os filhos sujeitam-se ao poder familiar e são protegidos pelo Estatuto da Criança e do Adolescente, ainda se encontrando em um estágio do desenvolvimento físico, mental e social de extrema importância na definição de seu futuro papel na sociedade, sendo salutar o amparo previdenciário a tais adolescentes, mesmo que eles já mostrem indicativos de independência econômica.

Porém, quando se trata de pessoas maiores de idade, plenamente capazes para os atos da vida civil e com capacidade de trabalho ou que tenham outras fontes de renda, é imprescindível contrapor a necessidade de amparo previdenciário aos sobreviventes do segurado falecido, aos princípios da seletividade e da solidariedade, que fundamentam a nossa Previdência Social.

Antes já se comentou sobre a importância do princípio constitucional da seletividade, que representa a escolha de critérios e requisitos a serem aplicados aos benefícios da Seguridade Social para que se busque, com os

---

(136) CORREIA. *Op. cit.*, p. 221; ROCHA. *Op. cit.*, p. 93; SALVIANO, Maurício de Carvalho. Presunção de dependência econômica do dependente do segurado no regime previdenciário. *Revista de Previdência Social*, São Paulo, v. 28, n. 286, p. 817-821, set. 2004.

limitados recursos disponíveis, a melhor aplicação para maximizar o bem-estar social. A seletividade está ligada "à escolha dos melhores critérios para identificar os beneficiários de cada programa social."[137]

A pensão por morte é um benefício de risco: não sabemos, de antemão, quem dela usufruirá, nem por quanto tempo. É financiada em regime de repartição simples, com os custos dos benefícios suportados por toda a sociedade, por meio das contribuições sociais. Há uma relação direta entre cobertura e custo: quanto maior aquela, maior este. Da mesma forma, há uma relação inversa entre a amplitude da cobertura (em número de beneficiários) e o valor dos benefícios: quanto mais beneficiários, menor tende a ser o valor dos benefícios, assumindo a manutenção dos custos. As contribuições sociais são, em parte, incidentes sobre a folha de pagamentos — portanto, ainda que aproximadamente, observando indicadores de capacidade contributiva dos segurados — mas significativa parcela é representada por tributos indiretos incidentes sobre receita, faturamento e lucro, com característica altamente regressiva.[138]

Direcionar o benefício de risco, financiado em regime de repartição, a indivíduos que detêm capacidade de geração de renda — e que muitas vezes se encontram efetivamente inseridos no mercado de trabalho — significa direcionar recursos públicos a pessoas que podem prover seu sustento por seus próprios meios. Além de pecar face ao princípio da seletividade, peca-se também sob o princípio da solidariedade.

> Porque a pensão por morte, financiada com recursos **de toda a sociedade** (segundo a própria Constituição, art. 195), é o **direito** que têm os dependentes de serem amparados no caso de morte da pessoa de quem dependiam economicamente, mas será **privilégio** caso seja deferida a alguém que dela não necessite, por possuir atividade remunerada com a qual pode prover com dignidade à sua subsistência e à de sua família, e que, se receber a pensão nesse último caso, terá um acréscimo injustificado de renda, a expensas da sociedade.[139]

---

(137) DAL BIANCO. Op. cit., p. 40.
(138) Dizem-se regressivos os tributos indiretos que incidem sobre bens de consumo, independentemente da renda do contribuinte, onerando proporcionalmente mais os contribuintes com menor renda, já que estes tendem a direcionar parcela significativamente maior de sua renda ao consumo (VIANNA, Salvador Werneck et al. Carga tributária direta e indireta sobre as unidades familiares no Brasil: avaliação de sua incidência nas grandes regiões urbanas em 1996. Brasília: Ipea, 2000 (Texto para Discussão n. 757), p. 11-12). Um tributo regressivo faz com que a desigualdade da distribuição da renda após o imposto seja maior do que antes do imposto.
(139) PIZZOLATTI, Rômulo. Rui Barbosa, Lima Barreto e um atual tema antigo. Revista do Tribunal Regional Federal da 4ª Região, v. 19, n. 69, p. 74-75, set. 2008, grifos do original.

Esses princípios seriam melhor atendidos se houvesse a exigência de comprovação da dependência econômica por todo e qualquer dependente do segurado, acima de uma determinada idade, por exemplo, 18 anos. Filhos maiores e viúvos(as), assim como pais e irmãos, somente teriam acesso ao benefício caso comprovada a dependência econômica, inclusive em casos de invalidez.

É interessante notar que, já em 1963, Assis chamava a atenção para essa questão. Afirma o autor que, perante o seguro social, os familiares do segurado, para serem considerados seus beneficiários e, assim, fazerem jus aos benefícios, deveriam dele depender economicamente, "isto é, ser sustentados por ele. E não só isso; que as condições personalíssimas de cada beneficiário o tornassem em verdade incapaz de prover a própria subsistência através de seus próprios esforços".[140]

Velloso também questiona a desnecessidade de comprovação de dependência econômica, entendendo que deve ser exigida dos cônjuges e companheiros(as), somente aplicável a presunção jurídica a filhos menores ou inválidos.[141] Horvath Jr. vai mais além e sustenta que "melhor seria a lei exigir de todos os dependentes comprovação da dependência econômica, suprimindo a presunção de dependência."[142]

Estudo do Ministério da Previdência Social[143] aponta que a não exigência de comprovação de dependência econômica por parte do cônjuge é decorrente da evolução histórica de nosso mercado de trabalho e, consequentemente, da proteção previdenciária. O padrão familiar no nascedouro e desenvolvimento do sistema previdenciário era marcado pela mulher dona de casa e ocupada com a criação dos filhos, sendo natural o pressuposto da inexistência de renda de sua parte.

> Não obstante, os tempos são outros, tendo a mulher, há muito, consolidado sua posição como coprovedora da família, quando não seu principal arrimo, não se justificando que a sociedade seja onerada com o acréscimo da renda de pessoas que já têm asseguradas condições existenciais mínimas, já que contam com ganhos familiares suficientes para tanto.

Intriga, pois, que a legislação brasileira não condicione a concessão desse benefício a uma situação de real dependência econômica ou

---
(140) ASSIS. Op. cit., p. 80.
(141) VELLOSO, Luiz Assumpção Paranhos. Presunção de dependência econômica na Previdência Social. In: Jornal do VI Congresso Brasileiro de Previdência Social, p. 7-8, apud MARTINEZ. Op. cit., 1997. p. 139.
(142) HORVATH JR. Op. cit., p. 105.
(143) BRASIL. Op. cit., p. 25-26.

de necessidade, admitindo sua acumulação não apenas com renda do trabalho, mas também com a aposentadoria.

Destaque-se que o reconhecimento do direito à pensão por morte, desconsiderando-se a percepção de renda por parte do beneficiário, não encontra respaldo técnico ou doutrinário, inexistindo, tampouco, correspondência no direito comparado, já que é consensual a incompatibilidade desta prestação com qualquer renda, inclusive a proveniente do trabalho. É, inclusive, comum que se preveja uma redução proporcional no benefício, quando os ganhos do beneficiário excedam determinado limite.[144]

Além da exigência de comprovação da dependência econômica para todo e qualquer dependente, outras formas de melhor implementar os princípios da seletividade e da solidariedade na formatação deste benefício seriam a definição de seu valor em função do número de dependentes habilitados — o que será tratado em tópico específico adiante — e a concessão de pensão temporária para jovens viúvos(as) com plena capacidade de trabalho.

Nesse caso, a pensão por morte do cônjuge ou companheiro(a) sobrevivente abaixo de certa idade teria duração determinada — por exemplo, 2 anos — a fim de permitir que o sobrevivente reorganize sua vida e ingresse ou continue no mercado de trabalho.[145] Tal opinião é partilhada por Derzi, que afirma que a proteção previdenciária ao jovem cônjuge viúvo(a) deve ser temporária, *in verbis*:

> A ação protetora, portanto, deve vir por meio de benefícios temporários, ou seja, durante tempo razoável para a pessoa recuperar a aptidão do exercício de atividade laboral que lhe provenha sustento próprio. Ao mesmo tempo, o modelo previdenciário deve propiciar serviços de capacitação profissional, a fim de essa pessoa poder retomar a profissão anterior ou encontrar outra nova.[146]

Alguns países adotam regras desse tipo, concedendo pensões por morte vitalícias somente para viúvos(as) e companheiros(as) acima de determinada idade, e diversos outros exigem a comprovação da dependência econômica por parte dos beneficiários, inclusive quando se trate de cônjuge.

---

(144) BRASIL. *Op. cit.*, p. 26.
(145) Na obra suprarreferida, Assis menciona que, já na década de 60, em muitos países (infelizmente ele não especifica quais) não bastava a condição de viúva do segurado para fazer jus ao benefício; se ela não fosse inválida, sua qualidade de pensionista somente seria reconhecida por algum tempo, durante o qual faria jus ao recebimento da pensão, até que conseguisse um trabalho que pudesse lhe prover seu sustento (ASSIS. *Op. cit.*, p. 80-81).
(146) DERZI. *Op. cit.*, p. 230.

Outra medida que também se encontra na experiência internacional é exigir, para qualificação do cônjuge ou companheiro(a) como dependente, tempo mínimo de união. É uma exigência que busca proteger relações estáveis e genuínas e evitar fraudes. Não é raro ouvir, em nosso País, notícia de casamentos com a finalidade exclusiva de gerar um benefício previdenciário.[147]

Exigir tempo mínimo de união evitaria fraudes desse teor, porém, para que não penalize uniões autênticas, deve vir associada a outros fatores, como dispensa de lapso temporal mínimo em caso de falecimento por acidente (laboral ou não) ou em caso de enfermidade contraída ou manifestada após a união, e a concessão da pensão temporária para o(a) viúvo(a), independentemente de sua idade, cuja união não atingiu o prazo mínimo.

No sistema alemão, a pensão por morte está sujeita a uma declaração de rendimentos, deduzindo-se, total ou parcialmente, do valor da pensão os ingressos de renda do beneficiário. Há distinção entre pensão pequena (*berufsunfähigkeit*) e pensão elevada (*erwerbsunfähigkeit*), esta última só reconhecida ao sobrevivente maior de 45 anos, ou incapacitado para o trabalho ou criando filhos menores.[148] Como regra, não há direito à pensão se o casamento ou união durou menos de um ano.[149]

---

(147) Por exemplo, casamento que foi anulado, no Rio Grande do Sul, por se ter entendido que, não havendo o *affectio maritalis*, tratava-se de simulação visando unicamente a obtenção de benefício previdenciário.
"Apelação cível. Família. Anulação de casamento. Matrimônio que se realizou com fins exclusivamente previdenciários. Simulação. Desarmonia entre a vontade formal, que leva à realização do ato jurídico, e a vontade subjacente, visando apenas a proporcionar pensão previdenciária para a esposa. Vício embutido na vontade dos contraentes, com simulação da vontade de constituição de vida em comum, quando o casamento apenas serviu como meio de conferir à nubente a qualidade de dependente, com posterior pensão previdenciária. Matéria de interesse público, não só por afetar a formação da família, mas por traduzir, por igual, burla ao espírito do código civil e às normas previdenciárias, assim como ofensa à moral média, transacionando-se bem indisponível, como se negócio fosse. Idade dos nubentes. Ancião, de 91 anos, que casa com mulher 43 anos mais jovem, morrendo, pouco depois, de câncer. Ausência de demonstração de relacionamento afetivo entre estes. Companheiro da contraente que no dia das bodas comparece, esperando-a do lado de fora. Desejo do *de cujus* em ser grato à empregada, de inúmeros anos, na relação laboral. Precedentes jurisprudenciais. Apelo improvido". (Apelação Cível n. 70026541664, Sétima Câmara Cível, Tribunal de Justiça do RS, Relator: Vasco Della Giustina, Julgado em 3.12.2008).
Notícia publicada no jornal Folha de São Paulo, em 11 de abril de 2010, também dá conta do tema, em que afirma que "Segundo o Ministério da Previdência, atualmente 605 viúvas de 15 a 19 anos recebem pensão por morte. Os números levantam a suspeita de que podem estar ocorrendo casamentos forjados para assegurar às famílias a manutenção do benefício após a morte do aposentado." (Efeito "jovem viúva" surpreende o INSS. www.folha.com.br. Acesso em: 09 ago. 2010).
(148) PIETERS. *Op. cit.*, p. 100-101.
(149) SSA. *Op. cit.*, 2008. p. 117.

Na França também se exige prova de dependência econômica e o benefício será pago temporariamente aos cônjuges menores de 55 anos ou que tenham filhos menores sob seu sustento (o beneficiário deve estar educando ao menos um filho ou ter educado um filho durante pelo menos nove antes anteriores ao filho completar 18 anos); nestes casos o benefício será pago por 3 anos. Se o beneficiário já houver completado 50 anos, será pago até que complete 55 anos de idade, diminuindo de valor a cada ano e quando o beneficiário completa 55 anos se converte em uma aposentadoria de reversão. Exige-se também como requisito duração mínima do matrimônio de dois anos, salvo se existirem filhos em comum.[150]

Na Grã-Bretanha há três espécies de pensão por falecimento: a pensão por substituição, para a viúva que não tenha idade para obter uma aposentadoria por idade; a pensão para a viúva com filhos; e a pensão para órfãos.[151] A viúva que, no momento do falecimento, tinha mais de 45 anos tem direito a uma pensão vitalícia, e se tiver mais de 55 anos, essa pensão terá valor máximo: para cada ano reduzido em relação aos 55 se reduz 7% do valor da pensão, sendo que a quantia assim calculada não será recalculada posteriormente. Se a viúva tiver filhos menores sob seu sustento terá direito a uma pensão por guarda.[152] Venturi adiciona que a viúva que não atingiu a idade de aposentadoria recebe uma pensão durante 13 semanas, de valor fixo e se, ao final dessas 13 semanas, tiver a seu sustento ao menos um filho menor de 15 anos poderá receber o benefício por um período mais longo.[153]

Para ter direito à pensão por sobrevivência em Portugal, a viúva deve ter ao menos 35 anos de idade; se for mais jovem, a duração da pensão é limitada a cinco anos, salvo se tenha filhos a seu encargo ou se for inválida. Se for viúvo, somente terá direito se for maior de 65 anos ou inválido.[154] Se não houver filhos em comum, exige-se duração mínima de um ano do matrimônio ou de dois anos de união estável, dispensado esse prazo se a morte for consequência de acidente ou de uma enfermidade contraída ou manifestada após o matrimônio.[155]

No sistema de seguridade social espanhol a presunção de dependência econômica do(a) viúvo(a) é relativa, admitindo prova em contrário.[156]

(150) PIETERS. Op. cit., p. 127-128; CAETANO. Op. cit., p. 25.
(151) VENTURI. Op. cit., p. 482.
(152) Ibid., p. 187.
(153) VENTURI. Op. cit., p. 507.
(154) Ibid., p. 311.
(155) OISS. Op. cit., p. 565 e 605.
(156) PASTOR. Op. cit., p. 444.

A Suécia é um caso peculiar porque somente se paga pensão por um período de dez meses, além de se exigir pelo menos três anos de residência no país.[157]

Passando à análise das regras vigentes em países latino-americanos, vemos que no Uruguai as viúvas somente têm direito ao benefício caso tenham renda mensal inferior a determinado limite e somente terão acesso ao benefício vitalício caso tenham mais de 40 anos de idade na data do falecimento ou completem essa idade enquanto recebem o benefício temporário por morte; se têm entre 30 e 39 anos recebem o benefício por 5 anos e se menores de 30 recebem por apenas 2 anos.[158]

Já na Venezuela as viúvas somente recebem se maiores de 45 anos ou se têm filhos menores de 14 anos ou de 18, caso estudantes, ao passo que os viúvos somente terão acesso ao benefício se maiores de 60 anos ou inválidos. Viúvas menores de 45 não recebem qualquer benefício.[159]

Segundo as regras colombianas, a pensão de viúvos(as) menores de 30 anos que não tenham filhos em comum com o(a) falecido(a) terá duração máxima de 20 anos; se tiver mais de 30 anos de idade na data do falecimento o benefício será vitalício. Em qualquer caso o(a) viúvo(a) deve comprovar união ou casamento com o segurado falecido, de forma contínua, durante os 5 anos imediatamente anteriores ao falecimento.[160]

O sistema chileno também exige ao menos seis meses de casamento, elevado para três anos no caso do falecido já ser aposentado ao tempo do casamento[161] e na Argentina o período mínimo de convivência com o instituidor é de cinco anos, ou dois se ambos têm ao menos um filho em comum.[162]

No México os dependentes do segurado elegíveis ao benefício são o(a) viúvo(a) ou companheiro que tenham filhos do falecido. Em caso de casamento sem filhos, é necessário casamento por no mínimo seis meses, desde que o falecido seja menor de 55 anos na data do casamento; se for maior ou se já estava aposentado o casamento deve ter duração mínima de 12 meses. Já sendo união estável sem filhos, é necessário que a mesma tenha duração mínima de 5 anos. Todos os dependentes, para se habilitarem ao benefício, devem comprovar a dependência econômica perante o falecido.[163]

---

(157) CAETANO. *Op. cit.*, p. 25.
(158) OISS. *Op. cit.*, p. 565.
(159) *Ibid.*, p. 565.
(160) *Ibid.*, p. 570 e 574.
(161) SSA. *Op. cit.*, 2010. p. 78.
(162) CAETANO. *Op. cit.*, p. 25.
(163) SSA. *Op. cit.*, 2010. p. 142.

Por fim, no Peru o direito ao recebimento da pensão por morte cessa se o beneficiário é considerado capaz para o trabalho.[164]

3.5. A pensão do ex-cônjuge ou ex-companheiro(a) e seus limites

A legislação atual garante ao ex-cônjuge ou ex-companheiro(a) o benefício de pensão por morte caso, por ocasião do óbito do segurado, deste receba pensão alimentícia, situação em que concorrerá em igualdade de condições com os demais dependentes preferenciais. Em outras palavras, exige-se a comprovação da dependência econômica do "ex", que se materializa na existência de pensão alimentícia paga pelo falecido.

Em muitas ocasiões, a solução da questão é simples: no acordo de separação, divórcio ou dissolução da união estável há a definição do valor dos alimentos pagos por um ao outro. Em outros casos, a comprovação da pensão alimentícia é mais delicada, pois não há um pagamento em dinheiro, mas a prestação de assistência sob outras formas, como, por exemplo, a cessão gratuita do uso de imóvel, o pagamento de despesas particulares do ex ou infinitas outras possibilidades. Mesmo assim configura-se o pagamento de pensão alimentícia e o ex poderá se habilitar ao recebimento do benefício.[165] Em ambos os casos, está claro que, por ocasião de seu falecimento, o segurado prestava suporte financeiro, de forma contínua, ao ex-cônjuge ou ex-companheiro.

Mas outra discussão, muito mais complexa, diz respeito à necessidade econômica superveniente do ex-cônjuge ou ex-companheiro. Pode o cônjuge, no acordo de separação, dispensar a prestação de alimentos, pois naquele momento não necessitava ou não havia capacidade econômica da outra parte em provê-los. Posteriormente pode surgir a necessidade econômica e o interessado pode pleitear a revisão do acordo, exigindo os alimentos, visto que estes são irrenunciáveis (art. 1.707 do Código Civil e Súmula 379 do STF).[166] Assim, mesmo que haja dispensado a prestação de alimentos em vida, com o óbito do segurado o cônjuge ou companheiro(a) pode requerer a pensão

---

(164) Ibid., p. 164.
(165) A regulamentação previdenciária reconhece a validade desse tipo de auxílio para configuração da dependência, conforme expresso no art. 269, § 2º da Instrução Normativa INSS n. 20/2007: "§ 1º Equipara-se à percepção de pensão alimentícia o recebimento de ajuda econômica/financeira sob qualquer forma, observando-se o rol exemplificativo do § 3º do art. 22 do RPS, aprovado pelo Decreto n. 3.048/99".
(166) Há entendimento de que, entre cônjuges, os alimentos seriam renunciáveis, pois trata-se de parentes por afinidade (SOUZA, Fábio. Pensão por morte para ex-cônjuge no regime geral de previdência social. *Revista de Previdência Social*, São Paulo, v. 32, n. 332, p. 549-58, jul. 2008).

por morte, desde que comprovada a necessidade do benefício no momento do falecimento, conforme reconhecido em 1980 pela Súmula 64 do antigo Tribunal Federal de Recursos.[167]

Em 2007 o Superior Tribunal de Justiça aprovou a Súmula 336, que afirma que "A mulher que renunciou aos alimentos na separação judicial tem direito à pensão previdenciária por morte do ex-marido, comprovada a necessidade econômica superveniente."[168]

Há, assim, duas possibilidades: (i) se o ex-cônjuge gozar de pensão alimentícia por ocasião do óbito, seja ela definida judicialmente ou paga voluntariamente (pensão de fato), terá sua dependência econômica presumida; e (ii) não gozando, deverá demonstrar a necessidade econômica no momento do óbito para ter acesso ao benefício previdenciário.[169]

Em realidade, a Súmula do STJ traz um enunciado bastante amplo, que dá margem inclusive a entender que necessidade superveniente à morte do segurado, seja ela manifestada anos ou mesmo décadas após o falecimento, daria ensejo ao pedido de pensão previdenciária.

Tal interpretação da Súmula não pode prosperar, já que é assente que o fato gerador do benefício de pensão por morte é o falecimento e que as

---

(167) "A mulher que dispensou, no acordo de desquite, a prestação de alimentos, conserva, não obstante, o direito à pensão decorrente do óbito do marido, desde que comprovada a necessidade do benefício."
(168) Aurvalle chama a atenção para a diferença de terminologia: a Lei n. 8.216/91, art. 16, § 4º, exige comprovação de "dependência econômica", enquanto a Súmula n. 336 fala em "necessidade econômica". São conceitos distintos. "A dependência econômica superveniente — como o próprio nome o diz — decorre de amparo que vinha sendo outorgado pelo segurado anteriormente ao falecimento, mesmo à margem do âmbito alimentar do direito de família. Já a necessidade superveniente visa a inaugurar um amparo, nunca dado em vida, após o óbito. Trata-se, este último, de estado de miserabilidade inerente ao sistema de assistência social, onde inexiste a relação de dependência. No âmbito da lei previdenciária, a dicção do art. 16 é literal, ao exigir a dependência econômica dos beneficiários preferenciais. Ou seja, em se tratando de cônjuge separado ou divorciado, que após a ruptura da vida em comum tenha permanecido à margem de qualquer amparo alimentar por parte do consorte, somente será dado pleitear o benefício da pensão por morte se, em momento posterior à ruptura, tenha-se restabelecido efetivo relacionamento de amparo material, a criar real dependência econômica ao segurado, ainda em vida." (AURVALLE, Luís Alberto d'Azevedo. A pensão por morte e a dependência econômica superveniente. *Revista do Tribunal Regional Federal da 4ª Região*, Porto Alegre, v. 64, p. 19-25, 2007.)
(169) Frise-se que há posicionamento que ampara direito ainda mais abrangente ao ex-cônjuge, como o esposado por Barros (*op. cit.*, p. 110), que entende não ser necessário o pagamento de pensão alimentícia (judicial ou de fato) na data do óbito, mas simplesmente o direito a pleitear tais alimentos, já que, a despeito do ex-cônjuge não perceber alimentos, isso poderia ser devido a não ter tido tempo hábil para exigi-los, ou não ter condições de o fazer ou ser impossível ao outro cônjuge prestá-los, por incapacidade financeira.

condições para deferimento devem ser verificadas em tal momento. Para nenhuma espécie de dependentes a necessidade posterior ao óbito permite a concessão ou reativação da pensão, não havendo razão em aplicar sistemática diversa ao ex-cônjuge. Este é o entendimento que se tem mostrado predominante.[170] Ibrahim afirma que o mais correto seria dizer "que o ex-cônjuge que renunciou aos alimentos na separação judicial tem direito à pensão previdenciária por morte do segurado, desde que comprovada a dependência econômica no momento do óbito".[171] Conferir o direito à pensão ao ex-cônjuge que demonstrar necessidade posterior ao óbito implicaria prejudicar os demais dependentes do segurado — viúvo(a) e filhos(as), que com ele conviveram e dele dependiam até o momento do falecimento.

Portanto, configurada a dependência econômica no momento do falecimento, prevê a legislação vigente que o "ex" fica habilitado ao benefício, participando do rateio do valor da pensão em igualdade de condições com os demais beneficiários habilitados.

Utilizar a pensão alimentícia como indicativo de dependência econômica do ex-cônjuge é um critério válido, porém há uma importante crítica. A pensão alimentícia corresponde a uma parcela da remuneração do segurado, digamos, a título meramente exemplificativo, 20% de sua remuneração, permanecendo o restante da renda à disposição do segurado para utilização pessoal ou junto a sua nova família.

Com o falecimento do segurado, o ex-cônjuge que recebe a pensão alimentícia se habilita como dependente preferencial. Caso seja o único habilitado, receberá a integralidade da pensão, o que representa um acréscimo significativo em seu rendimento total. Mesmo caso venha a concorrer com outros dependentes, há chance de sua quota de pensão por morte ser superior ao que recebia em vida — no exemplo, somente se o "ex" concorrer com 4 dependentes é que sua quota de pensão terá valor equivalente ao que recebia a título de pensão alimentícia. Nestas situações, há um prejuízo direto aos demais dependentes, que tendem a ser justamente aqueles que constituíam o núcleo familiar do segurado no momento de seu falecimento.

Fica clara a existência de uma distorção nesse critério de alocação das quotas da pensão. Não pode ser justo um sistema em que o "ex" vale mais morto do que vivo.

O benefício previdenciário tem por finalidade suprir a falta econômica que o segurado falecido ocasiona a seu núcleo familiar, e não melhorar o

---

(170) AURVALLE. Op. cit., p. 24-25; BARROS. Op. cit., p. 113-114; IBRAHIM. Op. cit., p. 520; SOUZA. Op. cit., p. 555.
(171) IBRAHIM. Op. cit., p. 520.

padrão de vida dos dependentes nem, muito menos, prejudicar filhos e cônjuge/ companheiro(a) correntes em benefício de terceiro que não mais integra o núcleo familiar.

Gama[172] compartilha desse entendimento e afirma que o valor da pensão por morte não deveria ultrapassar o dos alimentos recebidos em vida, sob pena de enriquecimento sem causa do pensionista. Mattos o acompanha e acrescenta que, além de o valor ser limitado ao valor da pensão alimentícia, o ex-cônjuge ou ex-companheiro não teria direito à reversão de quota no caso de perda de direito por outros beneficiários, pois "o que se procurou garantir foi a continuidade do direito de receber alimentos após o óbito do alimentante e não o direito de receber a pensão por morte por ele instituída".[173] Pizzolati também pondera a inadequação da sistemática empregada pela atual legislação, pois o valor da pensão por morte usualmente é bastante superior ao auxílio que era dado pelo segurado, não sendo legítimo que o Direito confira "a alguém aquilo que não é seu, à custa do esforço alheio, individual ou social".[174]

Há, no entanto, opiniões contrárias a tal vinculação, tendo por base o fato que a pensão alimentícia é definida não só pela necessidade do credor como pela possibilidade do devedor, e nem sempre seu valor supre as necessidades do alimentando, regendo-se por critérios da legislação civil, distintos dos aplicáveis à relação previdenciária.[175]

Martins[176] nos lembra que, antes da Lei n. 8.213/91, o ex-cônjuge divorciado tinha direito à quota de pensão correspondente sempre ao percentual arbitrado judicialmente sobre os ganhos do *de cujus* a título de pensão alimentícia, destinando-se o restante da pensão previdenciária aos demais dependentes habilitados (Decreto n. 83.080/79, arts. 69, § 3º, e 127, I).

Uma solução seria a estruturação do benefício de pensão por morte ao ex-cônjuge e ex-companheiro(a) seguindo o exemplo liderado pelo Estado de

---

(172) GAMA. *Op. cit.*, p. 232.
(173) MATTOS, Marisa Lima de. Os efeitos da sentença dos alimentos na pensão por morte. In: FOLMANN, Melissa (coord.). *Previdência nos 60 anos da declaração de direitos humanos e nos 20 da constituição brasileira.* Curitiba: Juruá, 2008. p. 283 e 287.
(174) PIZZOLATTI, Rômulo. A pensão previdenciária por morte e o Direito Civil. *Revista de Doutrina da 4ª Região,* Porto Alegre, jun. 2010, n. 36, p. 17-20.
(175) BARROS. *Op. cit.*, p. 110-111. SOUZA (*op. cit.*, p. 556-557) também é favorável à divisão do benefício em quotas iguais, pois tratamento diverso poderia se revelar prejudicial ao cônjuge e filhos, exemplificando com situação em que o "ex" teria pensão alimentícia equivalente a 30% e os demais cinco dependentes do falecido teriam cada um 17,5%. Esta hipótese, realmente anti-isonômica, seria facilmente resolvida caso se estabelecesse que o "ex", recebendo valor equivalente ao que recebia em vida do falecido, não poderá receber valor superior ao dos demais dependentes; isto ocorrendo, o valor do benefício passa a ser rateado em partes iguais entre todos.
(176) MARTINS. *Op. cit.*, 2007. p. 371.

São Paulo, que em 2007 reestruturou o regime de previdência de seus servidores e, mantendo regras semelhantes às do RGPS para habilitação do ex-cônjuge e rateio do benefício, limitou o valor da pensão por morte do ex--cônjuge ao valor que ele recebia, em vida, do falecido (parágrafo único do art. 150 da Lei Complementar n. 180/78, com redação dada pela Lei Complementar n. 1.010/07). Dessa forma, o "ex" não é economicamente beneficiado com o falecimento do segurado e, simultaneamente, preserva-se a renda direcionada à família do segurado por ocasião do falecimento.[177]

Assim, no exemplo comentado acima, sendo o único dependente habilitado, o "ex" receberia somente 20% da pensão, não havendo obrigação de pagamento do remanescente pela inexistência de outros dependentes; caso concorresse com outros 3 dependentes, também receberia 20%, sendo o restante dividido em partes iguais entre os demais (que receberiam 26,6% cada); caso concorresse com 5 dependentes, receberia 16,67%, percentual idêntico ao dos demais pensionistas.

Para finalizar a análise deste tema, é bom lembrar os ensinamentos de Assis:

> A garantia que deve oferecer o seguro social a cada indivíduo não é a da satisfação ampla de suas necessidades pessoais, mas apenas daquelas, e até determinada medida, que podem transformar-se em "problemas sociais", isto é, criar atmosfera de intranquilidade e desassossego para a sociedade. [...] Mais do que isso já não será obrigação do seguro social, nem se coaduna com sua natureza e finalidade.[178]

3.6. A pensão do menor sob guarda

A Lei n. 8.213/91 equipara a filho do segurado, para qualificação como dependente, os enteados e os menores tutelados (art. 16, § 2º). Desde outubro de 1996, vigência da Medida Provisória n. 1.523/96, posteriormente convertida na Lei n. 9.528/97, o menor sob guarda deixou de ser equiparado a filho, tendo surgido algumas vozes na doutrina e jurisprudência defendendo sua manutenção como tal.[179]

Sem previsão expressa no Código Civil, a guarda é tratada no Estatuto da Criança e do Adolescente (ECA). Destina-se a regularizar a posse de fato

---

(177) DAL BIANCO et al. op. cit., p. 172.
(178) ASSIS. Op. cit., p. 70.
(179) A título ilustrativo, IBRAHIM. Op. cit., p. 515-516; ARTIFON, Daniele Perini. O menor sob guarda e sua exclusão da proteção previdenciária: aspectos constitucionais. Revista de Previdência Social, São Paulo, v. 23, n. 226, p. 735-738, set. 1999.

e obriga a prestação de assistência material, moral e educacional à criança ou adolescente, conferindo a seu detentor o direito de se opor a terceiros, inclusive aos pais (art. 33, ECA). Traduz, em princípio, uma situação provisória para atender a situações peculiares ou suprir a falta eventual dos pais ou responsáveis, podendo ser deferido o direito de representação para a prática de atos determinados. Gera como imediata consequência permanecer a criança ou adolescente na companhia e sob a responsabilidade do detentor, para todos os fins e efeitos legais.[180]

A guarda do menor é o exercício de fato de um dos atributos inerentes ao poder familiar, mas não se confunde com este, podendo ambos ser exercidos concomitantemente por pessoas diversas. A concessão da guarda do menor a terceira pessoa não elimina o poder familiar do respectivo titular. Eis uma distinção importante entre guarda e tutela, pois esta exige prévia suspensão ou destituição desse poder.[181]

Há três principais situações em que pode ocorrer a guarda de menores. Primeiro, no caso de separação ou divórcio dos pais, os filhos menores ficam sob guarda de um deles. Neste caso, não há o que se discutir sob o âmbito previdenciário, visto que, estando ou não sob a guarda de seu genitor, em caso de falecimento deste o menor terá direito à pensão por morte.

Em segundo lugar, temos a guarda como medida liminar ou incidental em processos de adoção ou tutela (art. 33, § 1º, ECA). Nestas hipóteses, vindo o guardião a falecer antes de efetivada a adoção ou tutela, há que se entender pelo deferimento dos direitos previdenciários do menor em face do guardião, especialmente caso efetivada a adoção *post mortem,* que é prevista no § 6º do art. 42 do ECA. Não se mostraria legítimo penalizar o menor pelo fato do evento de risco — falecimento — ter ocorrido enquanto pendente um processo judicial que deve observar ritos e prazos previstos em lei.

A terceira hipótese de guarda se dá em caso de menor que se encontra sob o poder familiar de um ou ambos seus genitores, porém por circunstâncias diversas é posto sob os cuidados de terceiros, o que pode acontecer, por exemplo, em caso de ausência temporária dos pais, conveniência das partes ou outras razões. Lamentavelmente, uma das razões que motiva tais pedidos é a inclusão do menor como dependente do guardião para fins previdenciários e assemelhados (planos de saúde, seguros de vida etc.).[182]

---

(180) PEREIRA. *Op. cit.*, 2007. p. 472.
(181) SILVA, José Luiz Mônaco da. *A família substituta no Estatuto da Criança e do Adolescente.* São Paulo: Saraiva, 1995. p. 25-26.
(182) MARTINS. *Op. cit.*, 2007. p. 296; FIGUEIRÊDO, Luiz Carlos de Barros. *Guarda —* Estatuto da Criança e do Adolescente — questões controvertidas. Curitiba: Juruá, 2000. p. 93-94; SILVA, J. L. M. *Op. cit.*, p. 46. Este último autor entende, em meu ver equivocadamente, que é perfeitamente possível a concessão de guarda unicamente para fins previdenciários.

Há, em muitos casos, a patente deturpação do instituto da guarda. O guardião pode até prestar alguma assistência econômica ao menor, porém os pais continuam a exercer o poder familiar. Figueirêdo[183] menciona que há duas principais configurações: uma em que a guarda é obtida por avós, tios, primos ou outros parentes, porém o menor continua a residir junto a seus pais, em domicílio diverso do guardião, e outra em que o menor e seus pais, ou um deles, todos residem junto com os guardiões. Em ambos os casos, o autor entende que há a completa distorção da guarda, *in verbis*:

> Na primeira hipótese, parece que o excessivo liberalismo nas concessões das guardas judiciais em casos em que não exista a posse de fato da criança/adolescente aliado a uma legislação anacrônica e contrária aos interesses da esmagadora maioria dos segurados [...] representam a base cultural que justifica a disseminação dessa prática, pois impossível que em domicílios diferentes possa alguém exercer sobre a criança/adolescente os atributos do art. 33 do Estatuto. Na segunda hipótese, embora um pouco mais sutil, o fato é que não existe colocação em família substituta. O requerente pode comprar alimentos, vestuários, pagar colégio etc., mas, na prática, o pátrio poder é exercido em sua plenitude pelos genitores.[184]

Tem-se, assim, três situações bastante distintas, duas das quais de relevância para o direito previdenciário. A legislação, no entanto, trata ambas sem distinção. O art. 33, § 3º, do Estatuto da Criança e do Adolescente prevê que "a guarda confere à criança ou adolescente a condição de dependente, para todos os fins e efeitos de direito, inclusive previdenciários" e é tomada como fundamento por aqueles que defendem a equiparação do menor sob guarda a filho, ao que adicionam o argumento amparado no art. 227, § 3º, inc. II da Constituição, que garante à criança e ao adolescente proteção especial abrangendo a garantia de direitos previdenciários e trabalhistas.[185]

Gama afirma que a exclusão do menor sob guarda do rol de dependentes é inconstitucional.[186] "O menor sob guarda é, por força de norma constitucional, dependente do segurado do Regime Geral, sendo, para efeito de especial proteção do Estado, equiparado ao menor sob tutela".[187]

---

(183) FIGUEIRÊDO. *Op. cit.*, p. 93-95.
(184) FIGUEIRÊDO. *Op. cit.*, p. 94.
(185) IBRAHIM. *Op. cit.*, p. 515-516.
(186) BOCHENEK. *Op. cit.*, p. 331, também entende que, "consoante os ditames constitucionais e os princípios protetivos dos interesses dos menores e da família", a interpretação a prevalecer é pela manutenção do menor sob guarda como dependente do segurado.
(187) GAMA. *Op. cit.*, p. 205.

Em interpretação mais adequada, Martins, não concordando com tal posicionamento, afirma que o dispositivo constitucional diz respeito ao menor como segurado, já que faz expressa menção à garantia de direitos trabalhistas, portanto só pode se referir a quem é trabalhador. Não abrangeria a condição de dependente. "Cabe à norma legal incluir ou excluir pessoas na condição de dependente, como já ocorreu com a pessoa designada pelo segurado, que era dependente e deixou de sê-lo",[188] de maneira que a lei pode, também, excluir dessa condição o menor sob guarda sem incidir em violação do preceito constitucional.

Mesmo sendo constitucional, há um aparente conflito entre as normas da Lei n. 8.213/91, que foi em 1996 alterada e claramente excluiu do rol de dependentes o menor sob guarda, e a Lei n. 8.069/90, que desde 1990 outorga à guarda efeitos previdenciários.

Para a solução desse conflito, o melhor critério, aplicado em diversas decisões judiciais, é o da especialidade: em se tratando de finalidade previdenciária, a Lei n. 8.213/91 é norma específica e prevalece sobre o ECA, que tem nesse caso o caráter de norma geral (EResp 696.299 e outros).[189] Mas mesmo no STJ há vozes que discordam, afirmando que em relação à proteção à criança e ao adolescente, o ECA é a norma específica e a lei previdenciária é a geral (p. ex., voto vencido no citado EResp). Há também o critério temporal, visto que a alteração na legislação previdenciária entrou em vigor posteriormente à legislação menorista.[190]

A jurisprudência do STJ tem sistematicamente, ainda que muitas vezes por maioria, confirmado a exclusão do menor sob guarda do rol de dependentes do RGPS:

> A Terceira Seção deste Superior Tribunal de Justiça firmou entendimento no sentido da prevalência das disposições da Lei n. 9.528/97, sobre o Estatuto da Criança e do Adolescente (Lei n. 8.069/90), excluindo o menor sob guarda, cujo óbito do segurado tenha ocorrido após 10.12.1997, do rol de dependentes do Regime Geral da Previdência Social, para fins de pensão por morte (REsp 503.019/RS).

Isso não significa que o menor sob guarda estará ao largo do sistema previdenciário, pois, em caso de falecimento de seus pais, terá direito ao benefício previdenciário. Evita-se a duplicidade de proteção, o que também geraria efeitos negativos ao sistema.

Derzi traz uma colocação interessante, afirmando que, com o falecimento do guardião, caberá a substituição da guarda, não gerando o direito ao

---

(188) MARTINS, Sergio Pinto. Menor sob guarda e sua condição de dependente para a previdência social. *Revista de Previdência Social*, São Paulo, v. 24, n. 236, p. 667-668, jul. 2000.
(189) Há posicionamentos doutrinários também nesse sentido: RAMALHO. *Op. cit.*, p. 105.
(190) Nesse sentido, MARTINS. *Op. cit.*, 2007. p. 297.

benefício previdenciário. Reconhece a autora que, ao máximo, poderia haver um direito à pensão temporária, até que fosse nomeado o novo guardião.[191]

Alguns autores, para subsidiar a defesa da manutenção do menor sob guarda como dependente previdenciário equiparado a filho, sustentam que não haveria motivo razoável que autorizasse a distinção entre este e o menor tutelado.[192] Com todo o respeito às opiniões contrárias, o simples fato de o menor sob guarda continuar sob o poder familiar e manter intactos seus laços de filiação, com direito irrefutável à pensão por morte em caso de falecimento de seus pais, é argumento nitidamente válido para que se possa conferir-lhe tratamento previdenciário distinto.

3.7. A pensão equivalente à integralidade do valor da aposentadoria

Desde abril de 1995 o valor do benefício de pensão por morte é equivalente ao valor da aposentadoria que o segurado falecido recebia ou da aposentadoria por invalidez a que teria direito na data do óbito.

Sendo o valor da pensão equivalente a 100% da renda do falecido, a renda familiar *per capita* fica maior após o falecimento. Porém, com a perda de um membro do núcleo familiar, determinadas despesas simplesmente se extinguem, enquanto outras mantêm-se inalteradas. Natural — e plenamente justificável — seria que somente parcela da renda do falecido continuasse ingressando.[193]

O Ministério da Previdência Social, em publicação que discute os desafios da previdência social, entende que a atual forma de cálculo da pensão não é adequada:

> Como benefício de caráter puramente substitutivo que é, não deveria proporcionar elevação de ganhos àqueles a quem se destina, mesmo porque não é esse o propósito da proteção social previdenciária. Ocorre que, sob a forma como hoje está formatada, a pensão por morte promove uma elevação nos ganhos dos dependentes. Ou seja, o valor da prestação — ao corresponder a cem por cento do valor da aposentadoria que o segurado recebia ou daquela a que teria direito, se estivesse aposentado por invalidez na data do seu falecimento —, tende a ser equivalente à renda que a família auferia antes do óbito do instituidor, resultando em um aumento nas disponibilidades financeiras *per capita*, já que, agora, falecido um de seus membros,

---

(191) DERZI. *Op. cit.*, p. 285.
(192) Por exemplo, IBRAHIM. *Op. cit.*, p. 516; ARTIFON. *Op. cit.*, p. 737.
(193) Encontram-se algumas posições doutrinárias convergentes com este entendimento, por exemplo RAMALHO: "Apesar de ter diminuído um dos componentes da entidade familiar, mantém-se o valor total da subsistência, o que não nos parece correto." (*op. cit.*, p. 124)

o mesmo ingresso mensal será dividido entre menos pessoas. Tal mecanismo se reproduz, ainda, quando ocorre a reversão, em favor dos demais pensionistas, da parcela daquele dependente cujo direito à pensão cessa, o que resulta numa imediata elevação na renda *per capita* dos beneficiários remanescentes.[194]

Já na década de 60, Leite e Velloso alertavam para a incongruência de se permitir que a pensão por morte tenha valor equivalente ao da aposentadoria recebida pelo falecido:

> Outra anomalia é que o valor da pensão pode chegar a ser o mesmo da aposentadoria, o que também não é normal, inclusive porque a morte do chefe da família, se por um lado acarreta a cessão da receita, que o benefício procura compensar, por outro reduz as despesas da família, pelo menos na medida dos gastos pessoais do falecido.[195]

Analisando o histórico desse benefício, vemos que, desde a época dos IAPs até abril de 1995, o valor do benefício de pensão por morte sempre fora calculado em função da quantidade de dependentes que sobreviviam ao segurado, conferindo maior valor de benefício a famílias maiores. Protegiam-se isonomicamente as distintas situações: um único sobrevivente receberia valor inferior ao de uma família com mais membros.

Tabela 6 — Evolução histórica do cálculo do benefício de pensão por morte

		Forma de cálculo do benefício de pensão por morte
Lei Eloy Chaves	1923	50% da aposentadoria para segurados com mais de 30 anos de serviço ou em caso de acidente. 25% da aposentadoria para segurados com entre 10 e 30 anos de serviço
IAPI	1936	50% da aposentadoria. No mínimo 35% do salário mínimo local
IAPC	1953	30% da aposentadoria + 10% por dependente (máximo 100%). No mínimo 35% do salário mínimo local e 50% da aposentadoria
LOPS	1960	50% da aposentadoria + 10% por dependente (máximo 100%). No mínimo 35% do salário mínimo local
Lei n. 8.213	1991	80% da aposentadoria + 10% por dependente (máximo 100%). No mínimo um salário mínimo
Lei n. 9.032	1995	100% do salário de benefício. No mínimo um salário mínimo
Lei n. 9.528	1997	100% da aposentadoria (ou aposentadoria por invalidez). No mínimo um salário mínimo

---

(194) BRASIL. Ministério da Previdência Social. *Previdência social:* reflexões e desafios. Brasília: MPS, 2009. 232 p. — (Coleção Previdência Social, Série Estudos; v. 30, 1. ed.), p. 23-24. Texto de autoria de João Donadon — Diretor do Departamento do Regime Geral de Previdência Social e David Pinheiro Montenegro — Assistente do Coordenador-Geral de Legislação e Normas do Departamento do Regime Geral de Previdência Social.
(195) LEITE; VELLOSO. *Op. cit.*, p. 224.

Ao longo das décadas, passou-se gradualmente de um benefício que correspondia a metade da aposentadoria do falecido (ou menos) para a totalidade desta. Em termos de proteção social à família do indivíduo afetado, essa evolução parece interessante: quanto maior a renda financeira, melhor tende a ser a vida dos beneficiários.

No entanto, a pergunta a ser feita é: a Previdência Social, financiada por toda a coletividade e baseada nos princípios da solidariedade, seletividade e distributividade, deve se prestar a melhorar o padrão de vida de seus beneficiários? A função primordial da Previdência não seria conceitualmente distinta — assegurar mínimos para que o segurado, ou seus sobreviventes, possam manter uma vida digna?

Benefícios previdenciários têm um custo, que é arcado por toda a sociedade através de tributos. A pensão por morte é um benefício de risco, onde prevalece o caráter mutualista da proteção: todos contribuem para um fundo comum, o qual financia o pagamento dos benefícios devidos àqueles afetados pelo evento imprevisto. O custo é direta e proporcionalmente relacionado à cobertura oferecida. Se o valor do benefício é maior, o custo é maior. Se o rol de dependentes é maior, o custo é maior. Se os beneficiários passam mais tempo em gozo dos benefícios, o custo é maior.

Há, ainda, que se considerar que, nas últimas décadas, o Brasil verificou uma significativa modificação em sua estrutura demográfica e na configuração de suas famílias.

As mulheres têm, atualmente, em média 1,76 filhos ao longo da vida, em contraposição aos mais de 6 filhos verificados na década de 60.[196] As famílias têm se compactado. A fecundidade no Brasil foi diminuindo ao longo dos anos, basicamente como consequência das transformações ocorridas na sociedade brasileira, de modo geral, e na própria família, de maneira mais particular.[197] Ao mesmo tempo, a mortalidade infantil caiu significativamente e a população em geral tem experimentado vidas mais longas.[198]

---

(196) IBGE. Op. cit., 2008c, p. 38 e 48.
(197) Ibid., p. 49.
(198) O aumento da longevidade da população brasileira é decorrência de diversos fatores. "Assim, os ganhos sobre a mortalidade e, como consequência, os aumentos da expectativa de vida, associam-se à relativa melhoria no acesso da população aos serviços de saúde, às campanhas nacionais de vacinação, aos avanços tecnológicos da medicina, ao aumento do número de atendimentos pré-natais, bem como o acompanhamento clínico do recém-nascido e o incentivo ao aleitamento materno, ao aumento do nível de escolaridade da população, aos investimentos na infraestrutura de saneamento básico e à percepção dos indivíduos com relação às enfermidades. O aumento da esperança de vida ao nascer em combinação com a queda do nível geral da fecundidade resulta no aumento absoluto e relativo da população idosa." (Ibid., p. 57).

Esses efeitos combinados — redução da fecundidade e da mortalidade infantil e aumento da longevidade — têm produzido transformações no padrão etário da população do Brasil, sobretudo a partir de meados dos anos de 1980. O formato tipicamente triangular da pirâmide populacional, com uma base alargada, está cedendo lugar a uma pirâmide populacional característica de uma sociedade em acelerado processo de envelhecimento, em que não vemos mais uma pirâmide, mas um verdadeiro "barril" populacional. Esse processo de envelhecimento populacional caracteriza-se pela redução da participação relativa de crianças e jovens, acompanhada do aumento do peso proporcional dos adultos e, particularmente, dos idosos.[199]

Forma-se, assim, o quadro em que se propõe analisar o aspecto do benefício agora em debate: as famílias são pequenas e as pessoas em geral vivem vidas cada vez mais longas, inclusive os idosos. Em situações normais, no falecimento de um segurado há poucos dependentes, quiçá apenas um (o cônjuge). Houve uma mudança estrutural na população e nas famílias brasileiras, e a Previdência Social deve acompanhar tais mudanças, oferecendo benefícios compatíveis, que atinjam a finalidade a que se destinam, nem mais, nem menos, impondo um custo justo à sociedade.

Nas últimas décadas, o movimento de majoração dos percentuais empregados no cálculo do benefício, aliado ao aumento da expectativa de sobrevida da população, certamente influenciou, para mais, o gasto previdenciário ao longo do tempo.[200] Diversos estudos econômicos mostram a ampliação das despesas previdenciárias nos últimos anos,[201] ainda que não se tenha encontrado algum estudo específico sobre o benefício de pensão por morte.

A reformulação do critério de definição do valor do benefício de pensão, que leve em consideração a quantidade de dependentes do segurado falecido, bem como alguns indicadores de capacidade laborativa e de geração de renda por parte dos beneficiários, propiciaria ganhos ao sistema previdenciário, pois permitiria selecionar melhor os beneficiários (princípio da seletividade) e aumentaria a solidariedade do sistema, direcionando os limitados recursos públicos disponíveis àqueles indivíduos mais necessitados da proteção.

---

(199) *Ibid.*, p. 59-61.
(200) Quanto ao rol de dependentes, as alterações legislativas não seguiram um padrão, havendo tanto regras mais restritivas (extinção do beneficiário designado e da pensão para filhas e irmãs solteiras sem limite de idade) como o contrário (a pensão continua a ser paga à(ao) viúva(o) mesmo depois que este se casa novamente, a idade limite para fruição do benefício por filhos e irmãos era 18 anos até 1991, atualmente é 21).
(201) TAFNER, Paulo. Seguridade e previdência: conceitos fundamentais. In: TAFNER, Paulo; GIAMBIAGI, Fábio. *Previdência no Brasil:* debates, dilemas e escolhas. Rio de Janeiro: Ipea, 2007. Cap. 1, p. 29-63; GIAMBIAGI, Fábio. *Reforma da Previdência:* o encontro marcado. Rio de Janeiro: Elsevier, 2007. p. 69 *et seq.*

Como já alertava Barros Jr., no início da década de 80:

> A pensão não pode, sem grave risco para o equilíbrio financeiro da instituição previdenciária, substituir as possibilidades econômicas do beneficiário. Sua função é meramente supletiva, até porque os dependentes devem obter a melhoria de suas condições econômicas por seus próprios meios.[202]

A experiência internacional mostra que o valor do benefício raramente equivale à totalidade do benefício de aposentadoria ou da renda do segurado falecido e, usualmente, é atrelado à quantidade de dependentes habilitados e/ou à idade destes.

Na Argentina, quando não existem filhos com direito ao benefício, este equivale a 70% da aposentadoria do falecido. Existindo filhos com direito à pensão, a quota correspondente ao cônjuge ou companheiro é de 50% da aposentadoria e esse percentual diminui caso o número de filhos com direito ao benefício supere três. Caso exista cônjuge e companheiro com direito à pensão, o percentual é dividido entre ambos em partes iguais. Cada filho menor de 18 anos tem direito a pensão equivalente a 20% da aposentadoria do segurado falecido, limitado ao máximo de 50%, ou a 70% caso não haja cônjuge ou companheiro com direito ao benefício.[203]

No sistema das Administradoras de Fundos de Pensão (AFP) chilenas, a viúva ou o viúvo totalmente inválido tem direito a pensão equivalente a 60% da aposentadoria do segurado, sendo de 43% para o viúvo parcialmente inválido. Se houver filhos em comum com direito à pensão, os percentuais são 50% e 36% respectivamente, aumentando para 60% e 43% quando os filhos perderem o direito ao benefício. Os pais recebem benefício equivalente a 50% da aposentadoria se não há outros dependentes habilitados. No antigo sistema de repartição cada regime tinha regras próprias, porém no caso de empregados da iniciativa privada a pensão equivaleria a 50% da remuneração ou da base de cálculo da aposentadoria. Em ambos os sistemas, os filhos têm direito a pensão de 15% até os 18 anos de idade, ou até 24 se estudantes e, em caso de filhos parcialmente inválidos, o percentual se reduz a 11% após os 24 anos de idade.[204]

O sistema colombiano estabelece que a pensão do(a) viúvo(a) equivale a 45% da média dos últimos 10 anos de remuneração do falecido, somados 2% para cada período contributivo de 50 semanas excedendo o mínimo necessário de 500 semanas de contribuição, até o máximo de 75%. Para os

---
(202) BARROS JR. *Op. cit.*, p. 164.
(203) OISS. *Op. cit.*, p. 570, 574, 582 e 586.
(204) *Ibid.*, p. 570, 574, 582.

órfãos menores de 18 anos, ou de 25 se estudantes, e sem limite etário se inválidos, a pensão equivale a 20% da aposentadoria do falecido, sendo de 30% se o filho for órfão de pai e mãe. O valor total da pensão não pode superar 100% da aposentadoria do falecido.[205]

O(a) viúvo(a) terá direito a pensão equivalente a 90% da aposentadoria do falecido no México, enquanto os órfãos terão direito a 20% cada se menores de 16 anos (ou 25 se estudantes e sem limite etário se inválidos), percentual elevado a 30% em caso de órfão de pai e mãe. Quando atingem a idade máxima, os órfãos recebem um pagamento final equivalente a 3 meses da aposentadoria do falecido. Outros dependentes habilitados, na falta de cônjuge ou filhos, recebem cada um 20% da aposentadoria do falecido. Todas as quotas somadas não podem superar 100% da aposentadoria do falecido, ou da aposentadoria por invalidez a que teria direito.[206]

No Peru, a pensão por morte equivale a 50% da aposentadoria que o falecido recebia ou teria direito a receber e é paga à(ao) viúva(o) maior de 60 anos de idade ou inválido. Os filhos têm direito ao mesmo percentual, desde que menores de 18 anos, ou de 21 se estudantes, sem limite etário se inválidos. Não havendo estes dependentes, os demais habilitados (pais) recebem cada um 20% da aposentadoria do falecido. Todas as quotas de pensão somadas não podem exceder 100% da aposentadoria do falecido ou um teto máximo determinado pelo sistema previdenciário.[207]

No sistema uruguaio, o percentual varia de acordo com as categorias de dependentes que se habilitaram, sendo diferente para os diversos casos de concorrência entre tais classes. Por exemplo, em se tratando de viúva divorciada com núcleo familiar ou em concorrência com filhos do falecido, a pensão equivalerá a 75% da aposentadoria do falecido; se houver somente a(o) viúva(o) ou somente filhos, 65% da aposentadoria; se forem os filhos em concorrência com os pais do falecido, 66%; se houver somente viúva(o) divorciada(o) ou somente pais do falecido, 50% da aposentadoria; somente viúva(o) divorciada(o) em concorrência com o(a) viúvo(a) sem núcleo familiar, 66%. A divisão do benefício se faz em partes iguais entre os habilitados.[208]

Por fim, dentre os países latino-americanos pesquisados, temos a Venezuela, onde a pensão do cônjuge ou companheiro equivale a 40% da aposentadoria, porém a viúva ou concubina menor de 45, sem direito à pensão, tem direito a um pecúlio de duas anuidades da pensão que lhe caberia. A cada descendente do segurado cabe uma quota de 20% da aposentadoria,

---

(205) SSA. *Op. cit.*, 2010. p. 89-90.
(206) *Ibid.*, p. 143.
(207) *Ibid.*, p. 164.
(208) OISS. *Op. cit.*, p. 573, 577, 581 e 585.

até o máximo de 100% (consideradas conjuntamente com a pensão do cônjuge/companheiro), repartindo-se em partes iguais entre os descendentes caso haja mais de três. Os ascendentes têm direito à pensão equivalente a 30%, 50% ou 80% da aposentadoria caso existam 1, 2 ou 3, ou mais beneficiários.[209]

De todos os 17 países latino-americanos apresentados no trabalho da Organização Iberoamericana de Seguridade Social (OISS) referido, somente no Brasil a pensão por morte será, em toda e qualquer hipótese, equivalente à totalidade da aposentadoria do segurado falecido.

Nos países europeus a sistemática não é diferente. Em todos os países pesquisados o valor da pensão varia conforme a quantidade e as características dos dependentes e, como regra, é inferior ao valor da aposentadoria do falecido.

O cônjuge, no sistema alemão, terá direito à pensão de 100% do valor da aposentadoria nos três primeiros meses, passando depois a 60% desse valor, e está sujeito a uma declaração de rendimentos: deduzem-se da pensão todos os rendimentos do beneficiário. Os órfãos recebem uma quantia fixa e, em alguns casos, uma pensão condicionada à declaração de rendimentos.[210]

Na Espanha o cônjuge ou companheiro receberá pensão equivalente a 52% da base de cálculo, ou 70% caso tenha encargos familiares. A base de cálculo é o valor da aposentadoria ou o valor total das contribuições durante um período ininterrupto de 24 meses dentro dos sete últimos anos, dividido por 28. Há valores mínimos para o benefício de pensão, que variam conforme a idade do pensionista (para maiores de 65 é de cerca de •500; entre 60 e 64 anos, ou mais novo com encargos familiares, é de •460; e, se for menor de 60 anos sem encargos familiares, é de •360). Havendo cônjuge com direito a pensão, o quota destinada aos filhos é 20% no caso de um filho, 40% em caso de dois e 48% para três ou mais, ou em caso de orfandade absoluta, existindo apenas um filho, será de 65% da base de cálculo, dois filhos 85% e 3 ou mais 100%. A soma das pensões do cônjuge, filhos e outros familiares não pode exceder o valor da base de cálculo do benefício. Outros familiares (netos, irmãos, pais, avós e filhos ou irmãos inválidos) têm direito à quota equivalente a 20% da base de cálculo.[211]

Na França, viúvos(as) de segurados que estavam em gozo de uma *pension de retraite* (aposentadoria por idade) têm direito a uma *pension de réversion*, desde que tenham mais de 55 anos e o casamento tenha durado

---

(209) Ibid., p. 573, 585 e 593.
(210) PIETERS. *Op. cit.*, p. 100-101.
(211) OISS. *Op. cit.*, p. 571, 575, 583, 587, 591 e 595.

no mínimo 2 anos, ou haja filhos em comum. O valor da pensão é 52% da *pension de retraite* desde que o falecido tenha sido segurado por no mínimo 15 anos; se foi segurado por menos tempo a pensão será proporcionalmente reduzida. Se o beneficiário tiver sido responsável pela educação de ao menos três filhos, o valor da pensão é aumentado. Também tem direito a pensão nesse percentual o cônjuge inválido menor de 55 anos. Caso o falecimento se dê em atividade, a pensão do cônjuge será de 30% do salário do falecido, ou 50% se o viúvo(a) for maior de 55 anos ou inválido. O cônjuge divorciado tem direito a 20% e os filhos 15% para os dois primeiros e 10% por cada filho adicional, sendo no máximo 30% para o conjunto dos filhos. A pensão total não pode exceder 85% do salário do falecido.[212]

No sistema italiano, o cônjuge supérstite recebe 60% da aposentadoria do falecido e cada filho 20%, ou 40% quando não existe cônjuge supérstite, limitado o valor total das pensões a 100%. Caso supere, são reduzidas as quotas dos filhos. Não havendo cônjuge nem filhos, os pais ou irmãos do falecido recebem 15% da aposentadoria, também limitado o valor total a 100%.[213]

No sistema previdenciário português, a pensão devida ao cônjuge ou companheiro é de 60% da aposentadoria do segurado, ou 70%, quando houver mais de uma pessoa com direito ao benefício. Caso exista cônjuge ou companheiro com direito ao benefício, os filhos terão quotas equivalentes a 20%, 30% ou 40% caso existam 1, 2 ou mais de 2 descendentes habilitados; não existindo cônjuge ou companheiro, as quotas dos filhos serão o dobro desses porcentuais. Os ascendentes terão direito à pensão equivalente a 30%, 50% ou 80% da aposentadoria, caso concorram 1, 2 ou 3 ou mais. A quantia obtida pela aplicação desses percentuais não pode superar 100% e é distribuída em partes iguais entre os titulares do direito.[214]

No Reino Unido o sistema é diferente. As pensões têm valor fixo, definido de acordo com a idade do beneficiário e a existência ou não de filhos a seus cuidados. Em caso de viúvo(a) com filhos, o valor é £90.70 por semana, viúvos(as) acima de 55 anos também recebem o mesmo valor, na forma de *bereavement allowance* (benefício temporário), entre 45 e 54 anos o valor é reduzido. O(a) viúvo(a) também tem direito a um pecúlio de £2,000. Aqueles que têm órfãos sob sua guarda têm direito a benefício de £12.95 por semana, por criança (todos os valores mencionados: base abril de 2008).[215]

Na Suécia, a pensão será de 55% do valor da aposentadoria se houver apenas o cônjuge habilitado; 90% se houver cônjuge e órfão com idade inferior

---

(212) PIETERS, p. 128-129.
(213) *Ibid.*, p. 262.
(214) OISS. *Op. cit.*, p. 573, 585, 589, 593 e 605.
(215) SSA. *Op. cit.*, 2008. p. 327.

a 12 anos ou 100% em caso de cônjuge com dois ou mais órfãos menores de 12 anos. No entanto, a pensão conferida a cônjuge é temporária, paga por apenas 10 meses.[216]

Caetano analisou as regras de concessão da pensão por morte em um grupo de dez países,[217] comparando-as com as vigentes no Brasil, e concluiu que

> o Brasil é o único caso em que se recebe pensão por morte de igual valor ao da aposentadoria, independentemente da idade do cônjuge e do número de dependentes. Em todos os outros casos, a integralidade da pensão se sujeita ou à idade avançada ou à existência de mais de um dependente.[218]

3.8. A não exigência de carência

O benefício de pensão por morte independe de carência. Exige-se apenas que o falecimento ocorra enquanto o segurado ostenta tal qualidade ou desde que tenha direito adquirido a benefício de aposentadoria.

Mas nem sempre foi assim. No início do sistema previdenciário brasileiro, para ter acesso ao benefício de pensão por morte a Lei Eloy Chaves exigia que o segurado falecido tivesse ao menos dez anos de efetivo serviço na empresa, dispensada a carência em caso de falecimento por acidente.

No IAPI foi inicialmente estabelecida carência de 18 meses, posteriormente reduzida para 12, prazo também exigido pelo IAPC para falecimentos ocorridos após 1957; antes disso, esse Instituto exigia carência de 24 meses. Não havia, no IAPI, carência em caso de falecimento por acidente do trabalho ou moléstia profissional, ou se o associado faleceu no gozo de auxílio-doença ou aposentadoria por invalidez.

Em 1960, quando publicada a LOPS, manteve-se a carência de 12 contribuições mensais, exceto em caso de falecimento por acidente de trabalho ou determinadas doenças graves. Somente em 1991, com a Lei n. 8.213, é que foi dispensada a carência para acesso ao benefício de pensão.

A carência é um instrumento empregado em sistemas de seguro com o objetivo de dar segurança e solidez ao sistema e evitar fraudes. Significa a necessidade de o segurado estar filiado ao sistema e contribuindo durante um determinado período de tempo antes de ter acesso aos benefícios.

---

(216) CAETANO. Op. cit., p. 26.
(217) Brasil, Alemanha, Argentina, Canadá, Chile, Estados Unidos, França, Itália, México e Suécia.
(218) Ibid., p. 26.

Como se trata de um benefício de risco, é salutar que não se exija, para a concessão da pensão, um período de carência muito elevado. Afinal de contas, qualquer pessoa pode, a qualquer momento, falecer. No entanto, com o avanço da idade a probabilidade de falecer aumenta.

Não exigir carência abre caminho à indústria do planejamento previdenciário.

É necessário que se exija carência, seja 12 ou 24 contribuições mensais, dispensando-a somente em casos de falecimento que decorra de acidente, laboral ou não, ou enfermidade comprovadamente contraída ou manifestada após a filiação ao sistema.

Aqui novamente nos valemos da experiência internacional para concluir que o Brasil é, entre os países sobre os quais se obteve acesso a dados, um dos únicos que não exige, em nenhuma circunstância, carência para concessão desse benefício.

Na Itália são exigidas contribuições por no mínimo cinco anos, dois dos quais devem estar compreendidos nos cinco anos anteriores ao falecimento, não aplicável caso o falecimento decorra de acidente de trabalho.[219] Em Portugal a pensão por morte é devida se o segurado tiver sido filiado ao sistema por ao menos 6 meses e contribuído por ao menos três meses.[220] Na Alemanha só há direito à pensão se o falecido era titular de aposentadoria ou havia cumprido carência de 60 meses[221] e na Grã-Bretanha, é necessário haver contribuído por um ano e por ao menos 90% da vida laboral; se não houver cumprido este período o benefício se reduz proporcionalmente.[222] Na Espanha, em caso de falecimento não decorrente de enfermidade laboral, devem ter contribuído por ao menos 500 dias durante os 5 anos anteriores à data do falecimento; nos demais casos se exige um período de contribuição de ao menos 15 anos, mas se a morte resultou de acidente, seja profissional ou não, não se exige período de carência.[223]

Analisando a situação nos países latino-americanos, vemos que não é diferente.

Estudo do Ministério da Previdência Social aponta que o Código Ibero-Americano de Seguridade Social estabelece uma carência de ao menos 5 anos para que o segurado falecido possa instituir uma pensão, e sistemas previdenciários estrangeiros (sem se limitar aos latino-americanos) exigem

---

(219) PIETERS. *Op. cit.*, p. 262.
(220) *Ibid.*, p. 310.
(221) *Ibid.*, p. 100; CAETANO. *Op. cit.*, p. 25.
(222) PIETERS. *Op. cit.*, p. 183; SSA. *Op. cit.*, 2008, p. 325-326.
(223) OISS. *Op. cit.*, p. 563; SSA. *Op. cit.*, 2008. p. 297.

períodos de contribuição ou filiação algumas vezes coincidentes com os exigidos para as prestações por velhice, outras vezes específicos, podendo tais períodos oscilar de um a dez anos.[224]

Caso não esteja aposentado no momento do falecimento, demandam-se três anos de contribuição no Chile; na Argentina, para as pensões por morte em atividade, exige-se um mínimo de 30 contribuições nos últimos 36 meses, enquanto no México são necessárias ao menos 150 semanas de contribuição na data do falecimento do instituidor.[225] No sistema colombiano, se a morte ocorrer por doença e o falecido tem mais de 20 anos de idade, é necessário ter contribuído por mais de 25% do período compreendido entre a data em que completou 20 anos e a data do falecimento; se a morte é causada por acidente, esse percentual reduz-se para 20%.[226]

No Peru, só há direito à pensão se o falecido já era pensionista ou tinha direito ao benefício de aposentadoria no momento do falecimento (como regra geral, seja homem ou mulher, peruanos têm direito à aposentadoria aos 60 anos, desde que contem com 20 anos de contribuição, podendo a idade ser antecipada para 55 ou 50, homens ou mulheres, respectivamente, em certas situações).[227] Também na Venezuela, somente há direito à pensão se o falecido já era aposentado ou se já reunia as condições para requerer a aposentadoria por ocasião do falecimento, exceto se a morte decorreu de acidente (a aposentadoria, como regra, ocorre aos 60 anos para homens e 55 para mulheres, com período mínimo de contribuição de 750 semanas).[228]

3.9. A acumulação da pensão por morte com qualquer outro benefício previdenciário

Não há impedimento legal para o recebimento conjunto do benefício de pensão por morte e de outro benefício previdenciário. Só não podem ser recebidas simultaneamente duas pensões por morte de cônjuge ou companheiro — neste caso, o beneficiário deverá optar pela que quiser (Lei n. 8.213/91, art. 124, VI). Em qualquer outro caso — inclusive duas pensões, porém de origens distintas — é possível o recebimento dos benefícios conjuntamente.

Já se mencionou acima, quando da análise da necessidade de comprovação de dependência econômica por todos os dependentes, que a

---

(224) BRASIL. Op. cit., p. 26.
(225) CAETANO. Op. cit., p. 25.
(226) OISS. Op. cit., p. 562.
(227) SSA. Op. cit., 2010. p. 162.
(228) Ibid., p. 195.

não exigência de comprovação de dependência por parte da esposa, assim como o silêncio da legislação sobre eventual possibilidade (ou impossibilidade) de se acumular pensão com aposentadoria ou com renda do trabalho é oriunda da estrutura social e familiar verificada quando da gênese e desenvolvimento de nosso sistema previdenciário, onde cabia ao homem o papel de trabalhador e provedor e à mulher os afazeres domésticos. Não havia, assim, que se cogitar em renda do trabalho da mulher, ou direito à aposentadoria por sua parte, portanto não houve preocupação da legislação previdenciária em explicitar esses requisitos para acesso ao benefício.[229]

A sociedade brasileira evoluiu e a normatização previdenciária acompanhou apenas em parte: em tempos passados, homens só teriam direito ao benefício se inválidos, pois assim estaria justificada a presença da mulher no mercado de trabalho; atualmente homens e mulheres têm direitos iguais ao benefício de pensão por morte. Esqueceu-se, no entanto, a legislação de acompanhar esta outra faceta, deveras mais sutil: não prevalece mais a dependência econômica presumida do cônjuge e é plenamente possível que uma mesma pessoa tenha direito, simultaneamente, a benefício decorrente de sua participação direta no sistema previdenciário (i.e., aposentadoria) e de sua participação indireta (i.e., pensão).

Trata-se de regra que poderia ser revista, com base nos já mencionados princípios da seletividade e da solidariedade, com o objetivo de racionalizar o direcionamento dos recursos da Previdência Social. A dupla proteção é tão nociva socialmente quanto a não proteção. Os recursos direcionados ao pagamento a um beneficiário que já se encontra devidamente amparado poderiam ser melhor direcionados a outros que estão sem amparo algum.

---

(229) BRASIL. *Op. cit.*, p. 26.

4

IMPORTÂNCIA SOCIAL E ECONÔMICA DO BENEFÍCIO DE PENSÃO POR MORTE

4.1. Representatividade do benefício de pensão por morte nos números do RGPS

A pensão por morte é, após as aposentadorias, o benefício mais relevante do Regime Geral de Previdência Social. Dados do último Anuário Estatístico da Previdência Social (AEPS) disponível, de 2009, informam que naquele ano havia mais de 6 milhões de pensões em pagamento pelo INSS, o que representa 28% do total de benefícios em pagamento pelo RGPS, percentual que tem se mantido constante ao longo dos últimos anos (Tabela 7). Somente as aposentadorias por idade superam, em número de benefícios ativos, as pensões por morte (Tabela 7).

TABELA 7 — Quantidade Total de Benefícios Ativos do RGPS

Espécies	Quantidade Total de Benefícios Ativos (em mil)			
	2006	2007	2008	2009
Previdenciários	**20.688**	**21.137**	**21.853**	**22.542**
Aposentadorias	13.351	13.807	14.383	14.971
Tempo de Contribuição	3.723	3.880	4.056	4.244
Idade	6.925	7.205	7.525	7.870
Invalidez	2.703	2.723	2.802	2.857
Pensão por Morte	*5.932*	*6.104*	*6.292*	*6.468*
Auxílios, Sal. Maternidade e outros	1.405	1.225	1.177	1.104
Acidentários	**714**	**749**	**785**	**766**
Total Benefícios do RGPS	*21.402*	*21.885*	*22.638*	*23.309*
Pensões/Total Benefícios do RGPS	*27,7%*	*27,9%*	*27,8%*	*27,7%*

Fonte: AEPS, 2008 e 2009. Tabela C.1. Posição em dezembro do respectivo ano.

Quando analisada por clientela, ou seja, segregada conforme o beneficiário seja segurado urbano ou rural, verifica-se que em ambos os grupos a proporção da participação das pensões na quantidade total de benefícios ativos é próxima, com uma prevalência um pouco maior das pensões na área urbana, onde representam cerca de 29% do total de benefícios do RGPS, enquanto na área rural representam quase 26% do total (Tabela 8).

A quantidade de pensões urbanas ativas corresponde a pouco mais que o dobro da quantidade de pensões rurais, o que está consoante a proporção verificada para o total de benefícios do RGPS (Tabela 8).

TABELA 8 — Quantidade Total de Benefícios Ativos do RGPS conforme clientela (urbana e rural)

Espécies	Quantidade Total de Benefícios Ativos do RGPS (em mil) conforme clientela			
	Urbana		Rural	
	2008	2009	2008	2009
Previdenciários	14.127	14.580	7.725	7.962
Aposentadorias	8.799	9.199	5.584	5.772
Tempo de Contribuição	4.043	4.230	13	14
Idade	2.384	2.542	5.142	5.328
Invalidez	2.372	2.427	430	430
Pensão por Morte	4.290	4.412	2.003	2.056
Auxílios, Sal. Maternidade e outros	1.039	969	138	134
Acidentários	757	738	28	29
Total Benefícios do RGPS	14.885	15.318	7.753	7.991
Pensões/Total Benefícios do RGPS	28,8%	28,8%	25,8%	25,7%

Fonte: AEPS, 2009. Tabela C.1. Posição em dezembro do respectivo ano.

Mas é digno de nota que, conforme dados do próprio Ministério da Previdência Social, a população residente no meio rural corresponde a menos de 20% da população urbana,[230] o que nos leva a concluir que a cobertura previdenciária entre a população rural é maior que entre a população urbana. Trata-se de fenômeno interessante, que evidencia que a política de concessão de benefícios no meio rural está atingindo resultados, em termos de cobertura, mais satisfatórios que no meio urbano. Uma das possíveis causas pode ser o critério de concessão de benefícios de aposentadoria aplicável aos segurados especiais — que são, por natureza, rurais — que dispensa prova de tempo de contribuição, exigindo apenas a comprovação do tempo de atividade rural.

No entanto, quando se compara a proporção de benefícios de aposentadoria por tempo de contribuição e por idade, urbanas e rurais, verifica-se uma grande disparidade nos números: a quase totalidade das primeiras é concedida a segurados urbanos, sendo no meio rural absolutamente predominante a aposentadoria por idade. A quantidade de benefícios por idade

---

(230) BEPS, setembro/2010: população residente urbana: 159.094.684; população residente rural: 30.858.111 (fonte: PNAD/IBGE, 2008).

concedidos a segurados rurais é superior ao dobro da concedida aos segurados urbanos. As aposentadorias por invalidez também são predominantes no meio urbano, onde se mostram cerca de cinco vezes mais frequentes que no meio rural.

Estas diferenças entre as espécies de aposentadoria prevalentes em cada clientela, se não afetam o direito à pensão por morte, pois qualquer que seja a forma de aposentadoria do segurado haverá o direito à pensão por morte dos dependentes sob as mesmas condições, terão impacto direto no valor dos benefícios de pensão por morte concedidos. Isto porque, quando se trata de falecimento de segurado já aposentado, a pensão corresponde ao valor da aposentadoria, perpetuando, desta forma, o critério de cálculo desta, conforme será abordado em seguida.

No que tange ao valor total dos benefícios, as pensões representam cerca de 22% do total pago pelo RGPS, o que equivaleu a R$ 3,6 bilhões em dezembro de 2009 (Tabela 9). O valor alocado ao pagamento de pensões é muito próximo ao alocado às aposentadorias por idade (R$ 3,8 bilhões em dez/2009) e pouco mais de dois terços do que representam as aposentadorias por tempo de contribuição (R$ 5,0 bilhões em dez/2009).

TABELA 9 — Valor Total Mensal de Benefícios Ativos (R$ milhões), conforme clientela — posição dezembro

Espécies	Valor Total Mensal de Benefícios Ativos (R$ milhões), conforme clientela					
	Total		Urbana		Rural	
	2008	2009	2008	2009	2008	2009
Previdenciários	13.512	15.108	10.352	11.464	3.160	3.644
Aposentadorias	9.467	10.668	7.172	8.014	2.295	2.655
Tempo de Contribuição	4.581	5.073	4.573	5.064	8	9
Idade	3.325	3.853	1.216	1.405	2.110	2.448
Invalidez	1.561	1.743	1.384	1.545	177	197
Pensão por Morte	3.189	3.601	2.380	2.673	809	928
Auxílios, Sal. Maternidade e outros	856	838	800	778	56	61
Acidentários	446	464	436	452	10	12
Total Benefícios do RGPS	13.958	15.572	10.788	11.917	3.170	3.655
Pensões/Total Benefícios do RGPS	22,8%	23,1%	22,1%	22,4%	25,5%	25,4%

Fonte: AEPS, 2009. Tabela C.2. Valores históricos. Posição em dezembro do respectivo ano.

Quando analisados os valores conforme a clientela, verifica-se que na área rural o valor alocado ao pagamento de pensões (25% do total do valor dos benefícios rurais) é proporcionalmente um pouco mais elevado que na área urbana (22% do valor total dos benefícios urbanos), e que o valor total direcionado ao pagamento de pensões urbanas é cerca de três vezes maior que o direcionado à área rural.

A seguir analisaremos os valores médios individuais de cada tipo de benefício, conforme a clientela.

4.2. Valores e população abrangida

A Tabela 10 abaixo apresenta o valor médio dos benefícios. Em dezembro de 2009, o valor médio dos benefícios do RGPS foi de R$ 670,00 e o valor médio das pensões ficou abaixo disso, em R$ 557,00 — na realidade, a pensão tem, após a aposentadoria por idade, o menor valor médio dentre os benefícios da Previdência Social. Ainda assim, vemos que o salário mínimo naquele mês foi R$ 465,00, o que situa o valor médio das pensões 25% acima desse referencial.

TABELA 10 — Valor Médio de Benefícios Ativos do RGPS, total e conforme clientela (R$)

Espécies	Valor Médio de Benefícios Ativos (R$), conforme clientela					
	Total		Urbana		Rural	
	2008	2009	2008	2009	2008	2009
Previdenciários	618	670	733	786	409	458
Aposentadorias	658	713	815	871	411	460
Tempo de Contribuição	1.129	1.195	1.131	1.197	608	632
Idade	442	490	510	553	410	459
Invalidez	557	610	583	637	412	460
Pensão por Morte	507	557	555	606	404	452
Auxílios	738	771	779	813	404	449
Acidentários	507	572	545	605	415	465
Total Benefícios do RGPS	617	668	725	778	409	457
Salário Mínimo em dezembro	415	465	415	465	415	465
Pensões/Salário mínimo	1,24	1,24	1,34	1,30	0,97	0,97

Fonte: AEPS, 2009. Tabelas C.1 e C.2. Valores históricos. Posição em dezembro do respectivo ano.

Essa mesma tabela nos mostra que o valor médio das aposentadorias por tempo de contribuição — R$ 1.195,00 em dezembro de 2009 — é quase o triplo do valor das aposentadorias por idade e quase o dobro do valor médio de todos os benefícios do RGPS.

O valor médio mais baixo das pensões, em relação aos demais benefícios, pode se explicar pois, sendo a pensão decorrente, como regra, de uma aposentadoria que a precedeu, seu valor tende a seguir o valor da aposentadoria da qual decorre. Sendo mais da metade dos benefícios de aposentadoria concedidos por idade (Tabela 7), que apresentam valor médio significativamente inferior ao valor dos demais tipos de aposentadoria (Tabela 10), não é de se estranhar que o valor médio das pensões se situe mais próximo do valor médio das aposentadorias por idade.

Ademais, considerando a constatação feita anteriormente, de que as aposentadorias por tempo de contribuição são um fenômeno eminentemente urbano, ao passo que as aposentadorias por idade são predominantes no meio rural, vamos concluir, conforme a tabela acima nos mostra, que os benefícios urbanos têm, seja nas aposentadorias, seja nas pensões ou no global dos benefícios, valor médio significativamente superior aos dos segurados rurais.

Analisando os valores médios da pensão por morte conforme a clientela, apura-se que na área urbana os benefícios são cerca de 40% mais elevados que na área rural (Tabela 10), o que decorre do fato que as aposentadorias das quais elas se originam têm valor significativamente mais elevado no meio urbano que no meio rural.[231] Quando analisadas as aposentadorias concedidas pelo RGPS como um todo, notamos que os benefícios urbanos têm, em média, praticamente o dobro do valor dos benefícios rurais. Veja que no meio rural, mesmo as aposentadorias por tempo de contribuição têm valor médio significativamente inferior ao do mesmo tipo de benefício no meio urbano.

Concluímos que, ainda que as condições de habilitação aos benefícios e de cálculo do valor sejam uniformes para a clientela urbana e rural, os benefícios concedidos acabam por reproduzir as características dos benefícios de aposentadoria que antecederam as pensões, apresentando valores substancialmente mais elevados para segurados urbanos.

Outra informação disponível no AEPS é sobre a distribuição dos pensionistas por faixa etária e grupo de vínculo.[232]

O gráfico abaixo mostra a distribuição em dezembro de 2009, no qual se notam os distintos grupos de pensionistas:

(i) Crianças e adolescentes (até 18 anos): são filhos e irmãos do segurado falecido;

---

(231) Há também pensões que decorrem de falecimento em atividade. Neste caso, os benefícios urbanos também tendem a ter valor superior aos rurais, visto que as remunerações médias no meio urbano tendem a ser maiores que no meio rural.
(232) Grupo de vínculo é a categoria de relação de dependência face ao segurado falecido: (1) cônjuge, companheiro(a) e ex-cônjuge; (2) filhos e equiparados e irmãos; (3) pai, mãe e beneficiário designado.

(ii) Jovens (de 19 a 39 anos): há uma queda significativa no número de beneficiários, com o crescimento gradativo dos beneficiários na categoria cônjuge/companheiro(a)/ex-cônjuge;

(iii) Adultos e idosos (40 anos em diante): composto substancialmente por cônjuge/companheiro(a)/ex-cônjuge, que representam mais de 90% dos beneficiários com idades acima de 50 anos, e, a partir dos 55 anos, há uma certa participação de mães e pais, que chegam a representar 9% dos beneficiários com mais de 90 anos.

GRÁFICO 1 — Distribuição dos pensionistas do RGPS
por faixa etária e grupos de vínculos

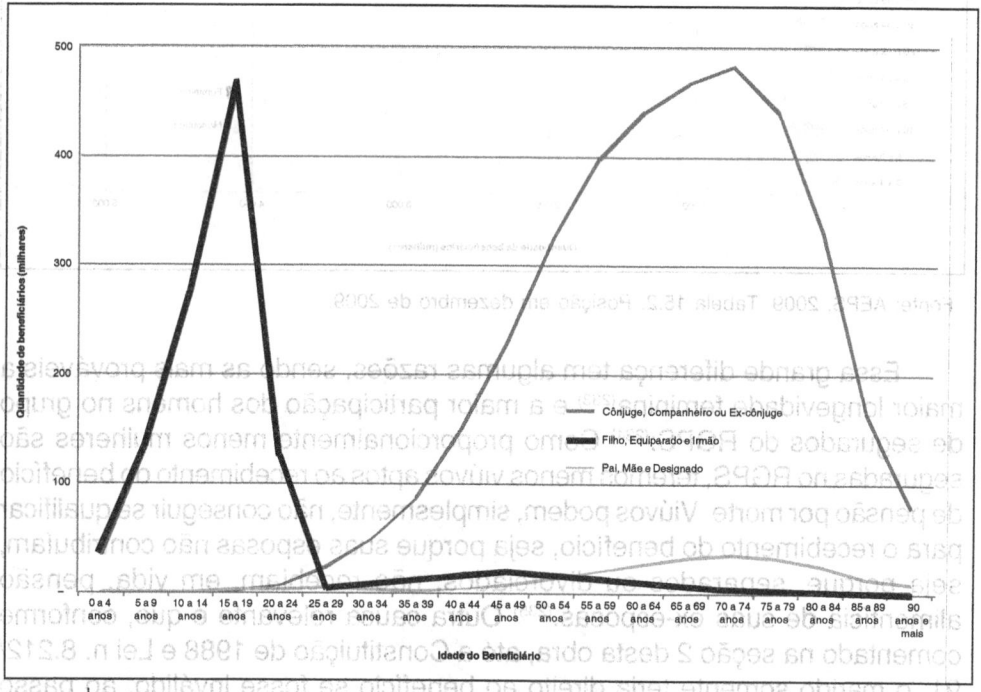

Fonte: AEPS, 2009. Tabela 15.3. Posição em dezembro de 2009.

Esse gráfico nos mostra que a pensão por morte é um benefício que atende a dois públicos substancialmente distintos, ambos merecedores da proteção estatal: crianças e adolescentes, de um lado, e idosos de outro.

O gráfico seguinte mostra a distribuição dos pensionistas por idade conforme o sexo. Nele se nota a clara preponderância de beneficiários do sexo feminino, exceto até 19 anos, faixa em que há certa equivalência entre homens e mulheres (Gráfico 2). A pensão é um benefício eminentemente feminino. É curioso notar que essa característica está tão arraigada em nossa sociedade que quando nos referimos ao beneficiário da pensão por morte, a tendência é utilizar o termo "a pensionista".

GRÁFICO 2 — Distribuição dos pensionistas do RGPS por faixa etária e sexo

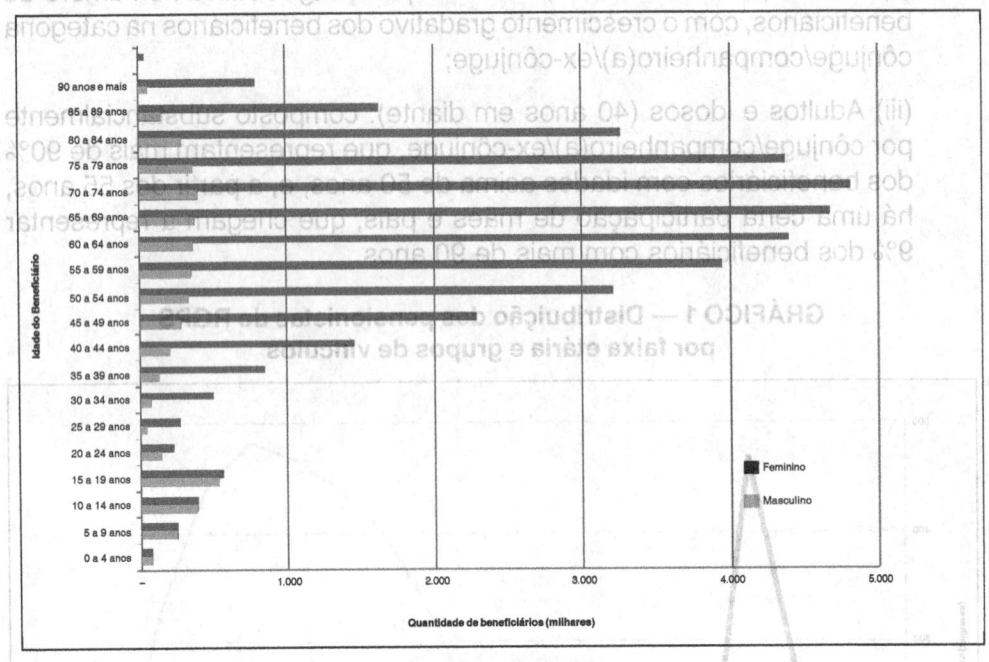

Fonte: AEPS, 2009. Tabela 15.2. Posição em dezembro de 2009.

Essa grande diferença tem algumas razões, sendo as mais prováveis a maior longevidade feminina[233] e a maior participação dos homens no grupo de segurados do RGPS:[234] Como proporcionalmente menos mulheres são seguradas no RGPS, teremos menos viúvos aptos ao recebimento do benefício de pensão por morte. Viúvos podem, simplesmente, não conseguir se qualificar para o recebimento do benefício, seja porque suas esposas não contribuíam, seja porque, separados ou divorciados, não recebiam, em vida, pensão alimentícia de suas ex-esposas.[235] Outra causa relevante é que, conforme comentado na seção 2 desta obra, até a Constituição de 1988 e Lei n. 8.212/91, o marido somente teria direito ao benefício se fosse inválido, ao passo que a esposa sempre tinha direito ao benefício.

A maior longevidade feminina também traz uma importante consequência: nas situações mais usuais, em que temos uma família tradicional, composta de

---

(233) IBGE, 2008.
(234) AEPS, 2009, Tabela 31.2.
(235) Estas prováveis causas são citadas por Camarano e Kanso, que identificaram que, em 2004/2005, 12% das pensões por morte foram pagas a homens, mas 18,5% dos viúvos(as) brasileiros eram homens. (CAMARANO, Ana Amélia; KANSO, Solange. Dinâmica da população brasileira(as) e implicações para a previdência social. In: TAFNER, Paulo; GIAMBIAGI, Fabio. *Previdência no Brasil:* debates, dilemas e escolhas. Rio de Janeiro: Ipea, 2007. Cap. 3, p. 95-137, p. 125)

pai, mãe e filhos, e considerando que estatisticamente o homem falecerá antes de sua esposa, isso se refletirá na existência de uma pensionista, que pode acumular, ou não, este benefício com uma aposentadoria decorrente de suas próprias contribuições, e gozará deles até seu falecimento. Isto significa que o prazo de pagamento de benefícios previdenciários, em grande parte, deve levar em conta a longevidade feminina.

Quando se analisa a atual regra de cálculo do benefício de aposentadoria por tempo de contribuição, que consiste na aplicação do fator previdenciário sobre a média dos salários de contribuição do segurado,[236] vemos que o fator utiliza em sua fórmula a expectativa de sobrevida média da população brasileira.[237] No entanto, as tábuas elaboradas pelo IBGE e usadas no cálculo do fator mostram que, aos 60 anos de idade, as mulheres têm expectativa de viver 1,5 anos a mais que a média da população, ou 3,2 anos a mais que homens da mesma idade,[238] isso sem considerar que, via de regra, as mulheres tendem a ser mais jovens que seus respectivos maridos. Camarano e Kanso apontam que, no ano 2000, a diferença etária entre os sexos na idade média ao casar era de 3,1 anos: homens se casam, em média, aos 25,7 anos e mulheres aos 22,6.[239] A viuvez também atinge as mulheres mais cedo: em média enviúvam aos 64,9 anos, ao passo que os homens se tornam viúvos aos 72,8.[240]

Somando todos esses fatores, as citadas autoras concluem que "como esperado, as mulheres ficam viúvas bem mais cedo que os homens e passam muito mais tempo nessa condição e, portanto, recebendo o benefício [de pensão por morte]".[241]

---

(236) A aposentadoria por tempo de contribuição é calculada com base na média aritmética simples dos maiores salários de contribuição do segurado, corrigidos monetariamente, correspondentes a 80% do período contributivo a partir de julho de 1994 (ou a partir da primeira contribuição, se posterior), sobre a qual se aplica o fator previdenciário. Este é uma fórmula que leva em consideração a idade do indivíduo na data da aposentadoria, o tempo de contribuição e sua expectativa de sobrevida:

$$f = \frac{Tc \times \alpha}{Es}\left[1 + \frac{Id + Tc \times \alpha}{100}\right]$$

Tc: Tempo de contribuição
Id: Idade na data da aposentadoria
Es: Esperança de sobrevida de ambos os sexos da idade da aposentadoria, conforme tábua do IBGE
α= 0,31, equivalente à alíquota de contribuição dos segurados e dos empregadores.
(237) Lei n. 8.213/91, art. 29: "§ 8º Para efeito do disposto no § 7º, a expectativa de sobrevida do segurado na idade da aposentadoria será obtida a partir da tábua completa de mortalidade construída pela Fundação Instituto Brasileiro de Geografia e Estatística — IBGE, considerando-se a média nacional única para ambos os sexos". (Incluído pela Lei n. 9.876/99).
(238) IBGE, 2008.
(239) CAMARANO; KANSO. Op. cit., p. 126.
(240) Ibid., p. 126.
(241) Ibid., p. 127.

Além da pensão por morte, outro benefício previdenciário que tem característica essencialmente feminina é o auxílio-reclusão. Previsto no art. 80 da Lei n. 8.213/91, é devido, nas mesmas condições da pensão por morte, aos dependentes do segurado recolhido à prisão, que não receber remuneração da empresa nem estiver em gozo de auxílio-doença, de aposentadoria ou de abono de permanência em serviço. Dados do AEPS mostram que praticamente não existem auxílios-reclusão concedidos a homens com mais de 20 anos de idade.[242] No entanto, a representatividade deste benefício é bem menor: corresponde a 0,51% da quantidade de pensões ativas em dezembro de 2009 e 0,14% do total de benefícios do RGPS.[243]

Ao estudar a distribuição dos benefícios de pensão por faixa de valor, constata-se que 71% dos benefícios têm valor igual ou inferior a um salário mínimo e 92% têm valor inferior a 3 salários mínimos (Gráfico 3 abaixo). Isso corrobora a informação já apresentada, de que as pensões têm valor ligeiramente abaixo do conjunto total dos benefícios do RGPS: quando tomados em sua totalidade, 69% dos benefícios têm valor igual ou inferior a um salário mínimo e 90% inferior a 3 salários mínimos.[244]

Novamente, quando analisados os dados por clientela, vemos que há uma diferença significativa nos valores dos benefícios de pensão por morte, o que também acontece no conjunto global dos benefícios. Enquanto no meio urbano 58% das pensões emitidas têm valor igual ou inferior a um salário mínimo, na área rural esse percentual sobe para 99%, ao mesmo tempo em que, na área urbana, 11% das pensões têm valor superior a 3 salários mínimos, enquanto na área rural esse percentual é desprezível (0,02%).[245] Essa distribuição segue o padrão verificado no global dos benefícios do RGPS, no qual os benefícios urbanos emitidos de valor inferior ou igual a um salário mínimo representam 56% do total e os rurais 99%.[246]

---

(242) AEPS, 2009, tabela 3.7: em 2009 foram concedidos 5.887 auxílios-reclusão a homens, dos quais apenas 62 (1,05%) a homens com idade acima de 20 anos.
(243) AEPS, 2009, tabela C.1.
(244) AEPS, 2009, tabela B.23.
(245) AEPS, 2009, tabela 9.3.
(246) AEPS, 2009, tabela B.23.

GRÁFICO 3 — Distribuição dos pensionistas do RGPS por faixa etária e grupos de vínculos (benefícios emitidos)

Distribuição da quantidade de benefícios de pensão por morte segundo faixas de valor (em Salários Mínimos)

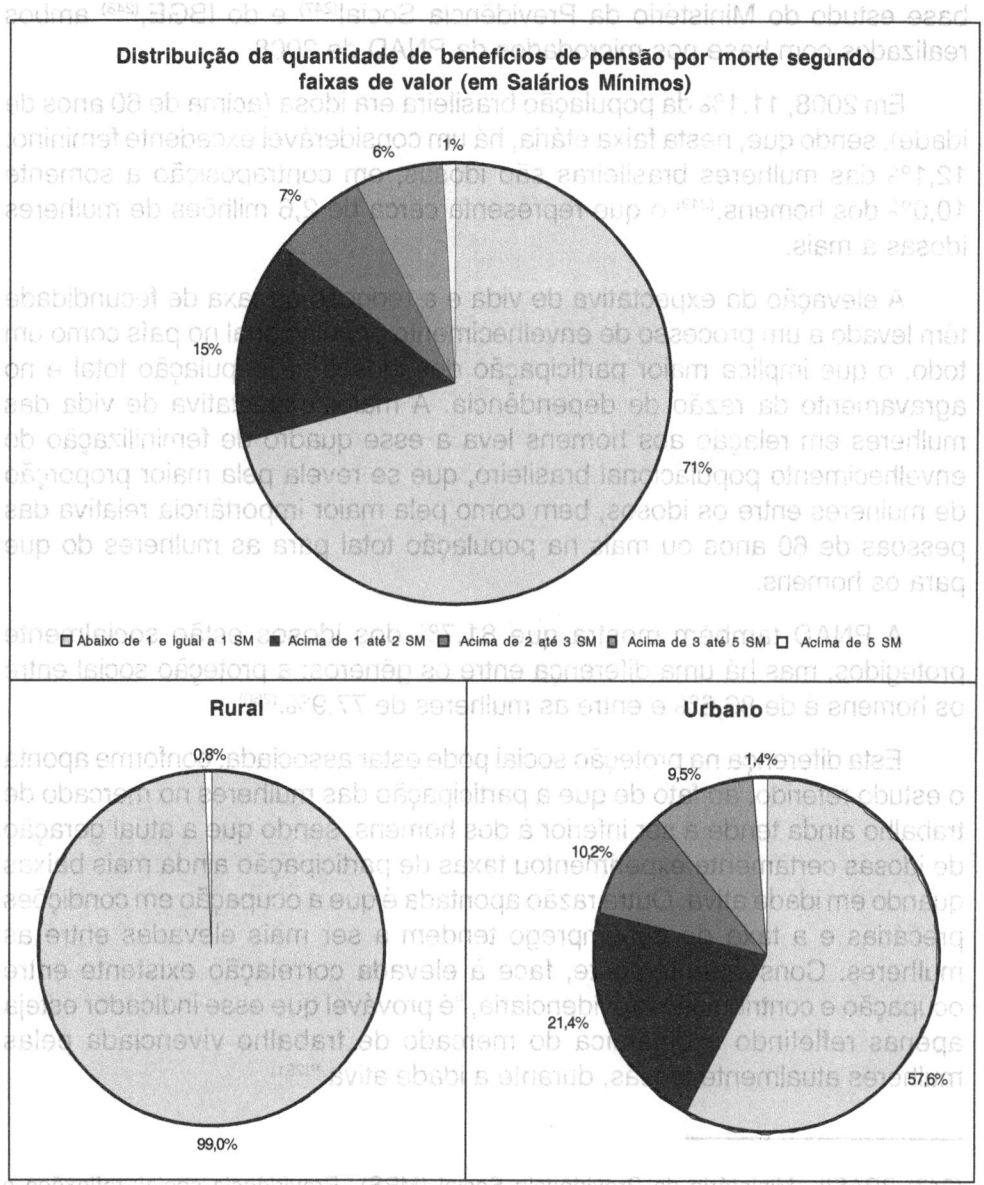

- 1%
- 6%
- 7%
- 15%
- 71%

☐ Abaixo de 1 e igual a 1 SM ■ Acima de 1 até 2 SM ■ Acima de 2 até 3 SM ■ Acima de 3 até 5 SM ☐ Acima de 5 SM

Rural
- 0,8%
- 99,0%

Urbano
- 1,4%
- 9,5%
- 10,2%
- 21,4%
- 57,6%

Fonte: AEPS, 2009. Tabela 9.3. Posição em dezembro de 2009.

4.3. A importância do benefício como fonte de renda da população idosa

Além dos dados do Ministério da Previdência Social, a Pesquisa Nacional por Amostra de Domicílios (PNAD) traz dados interessantes sobre a população idosa brasileira e a importância dos benefícios previdenciários de aposentadoria e pensão. As considerações apresentadas a seguir têm por base estudo do Ministério da Previdência Social[247] e do IBGE,[248] ambos realizados com base nos microdados da PNAD de 2008.

Em 2008, 11,1% da população brasileira era idosa (acima de 60 anos de idade), sendo que, nesta faixa etária, há um considerável excedente feminino: 12,1% das mulheres brasileiras são idosas, em contraposição a somente 10,0% dos homens,[249] o que representa cerca de 2,6 milhões de mulheres idosas a mais.

A elevação da expectativa de vida e a redução da taxa de fecundidade têm levado a um processo de envelhecimento populacional no país como um todo, o que implica maior participação dos idosos na população total e no agravamento da razão de dependência. A maior expectativa de vida das mulheres em relação aos homens leva a esse quadro de feminilização do envelhecimento populacional brasileiro, que se revela pela maior proporção de mulheres entre os idosos, bem como pela maior importância relativa das pessoas de 60 anos ou mais na população total para as mulheres do que para os homens.

A PNAD também mostra que 81,7% dos idosos estão socialmente protegidos, mas há uma diferença entre os gêneros: a proteção social entre os homens é de 86,6% e entre as mulheres de 77,9%.[250]

Esta diferença na proteção social pode estar associada, conforme aponta o estudo referido, ao fato de que a participação das mulheres no mercado de trabalho ainda tende a ser inferior à dos homens, sendo que a atual geração de idosas certamente experimentou taxas de participação ainda mais baixas quando em idade ativa. Outra razão apontada é que a ocupação em condições precárias e a taxa de desemprego tendem a ser mais elevadas entre as mulheres. Consequentemente, face à elevada correlação existente entre ocupação e contribuição previdenciária, "é provável que esse indicador esteja apenas refletindo a dinâmica do mercado de trabalho vivenciada pelas mulheres atualmente idosas, durante a idade ativa."[251]

---

(247) BRASIL. Ministério da Previdência Social (MPS). *Previdência social:* reflexões e desafios. Brasília: MPS, 2009. 232 p. — (Coleção Previdência Social, Série Estudos; v. 30, 1. ed.).
(248) IBGE — INSTITUTO BRASILEIRO DE GEOGRAFIA E ESTATÍSTICA. *Síntese de indicadores sociais* — uma análise das condições de vida da população brasileira 2009. Rio de Janeiro: IBGE, 2009.
(249) BRASIL, MPS. *Op. cit.*, p. 94. Tabela 3.16.
(250) *Ibid.*, p. 95-96.
(251) *Ibid.*, p. 96.

Ainda que, no conjunto, as mulheres idosas estejam menos protegidas que os homens, verifica-se que elas são maioria absoluta entre os pensionistas (94,7% destes) e entre os que acumulam aposentadoria e pensão (86,4% destes), ao passo que os homens são maioria entre os que recebem apenas aposentadoria (56,7% destes), conforme mostra a tabela a seguir:[252]

TABELA 11 — Cobertura Previdenciária entre Idosos com 60 anos ou mais de Idade, segundo sexo e tipo de benefício — Brasil, 2008.

Categorias	Homens (a)	% (a/c)	Mulheres (b)	% (b/c)	Total (c)
Aposentados	6.950.143	56,7	5.306.168	43,3	12.256.311
Pensionistas	126.099	5,3	2.237.270	94,7	2.363.369
Aposentados e pensionistas	220.707	13,6	1.397.096	86,4	1.617.803
Contribuintes não beneficiários	678.869	71,3	273.703	28,7	952.572
Total protegidos (a)	7.975.818	46,4	9.214.237	53,6	17.190.055
Residentes (b)	9.214.542	–	11.824.542	–	21.039.084
Taxa de Proteção (a)/(b) — Em %	86,6		77,9		81,7

Fonte: Microdados da PNAD/IBGE — 2008.

As razões para estas diferenças de participação entre os sexos nos diferentes tipos de benefícios previdenciários têm razões naturais e socioculturais, conforme aponta o estudo do Ministério da Previdência Social:

> A elevada proporção de mulheres dentre os pensionistas deve estar ligada à maior expectativa de vida desse grupo populacional. Como em média vivem mais, é natural que enviúvem mais frequentemente que os homens, tornando-se beneficiárias de pensão e, muitas vezes, chefes da unidade familiar. A menor participação das mulheres dentre os aposentados, por sua vez, pode estar atrelada a questões culturais e econômicas — a população feminina atualmente em idade de aposentadoria provavelmente participou do mercado de trabalho menos frequentemente que os homens e em condições bastante distintas, conforme mencionado anteriormente.[253]

Os dados da tabela anterior também nos mostram que 11,2% da população brasileira acima de 60 anos é pensionista e que 7,7% acumulam pensão e aposentadoria, resultando em 18,9% da população idosa recebendo esse benefício. Já os cálculos do IBGE consideram apenas a população acima de 65 anos e evidenciam que, com o aumento da idade, aumenta a proporção de pensionistas: nessa faixa etária temos 12,8% de pensionistas e 9,8% que acumulam ambos os benefícios.[254]

---

(252) *Ibid.*, p. 96.
(253) *Ibid.*, p. 97.
(254) IBGE, 2009, *op. cit.*, Gráfico 7.6, p. 168, e Tabela 7.16, p. 181.

Os dados da PNAD também mostram que a cobertura previdenciária entre os idosos tem aumentado persistentemente na última década, principalmente entre as mulheres. O gráfico abaixo[255] mostra a evolução no percentual da população idosa protegida pela previdência — seja na qualidade de aposentado, pensionista ou contribuinte de algum regime de previdência social.

Gráfico 4: Idosos de 60 anos ou mais que recebem aposentadoria e/ou pensão ou que continuam contribuindo para algum regime previdenciário — 1992 a 2007 — Em %

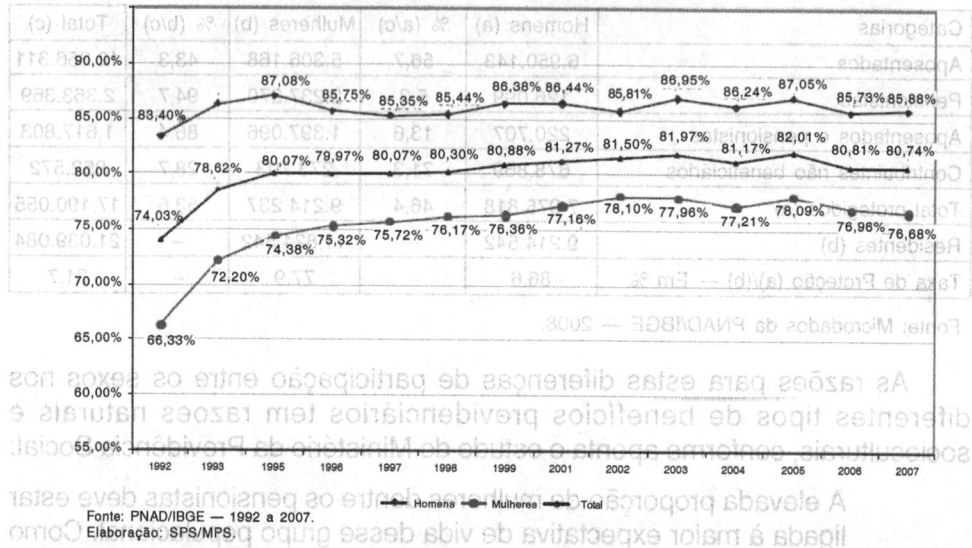

Ano	Homens	Mulheres	Total
1992	83,40%	66,33%	74,03%
1993	85,00%	72,20%	78,62%
1995	87,08%	74,38%	80,07%
1996	85,75%	75,32%	79,97%
1997	85,35%	75,72%	80,07%
1998	85,44%	76,17%	80,30%
1999	86,38%	76,36%	80,88%
2001	86,44%	77,16%	81,27%
2002	85,81%	78,10%	81,50%
2003	86,95%	77,96%	81,97%
2004	86,24%	77,21%	81,17%
2005	87,05%	78,09%	82,01%
2006	85,73%	76,96%	80,81%
2007	85,88%	76,68%	80,74%

Fonte: PNAD/IBGE — 1992 a 2007.
Elaboração: SPS/MPS.

Esse aumento pode estar ligado ao aumento da participação feminina no mercado de trabalho nas décadas anteriores, que agora resulta em maior percentual de idosas beneficiárias. Outras razões apontadas pelo estudo do Ministério da Previdência Social são a redução da idade para acesso ao benefício assistencial da LOAS e a regulamentação da proteção previdenciária aos segurados especiais.[256]

Um importante aspecto adicional do impacto da Previdência Social diz respeito à relevância das transferências previdenciárias para a redução da pobreza. O estudo do Ministério da Previdência estimou esse impacto e chegou, em 2008, a 53,73 milhões de pessoas em situação de pobreza, considerando-se as rendas de todas as fontes, número que salta a 76,31 milhões quando excluídos todos os rendimentos oriundos da Previdência Social.

---

(255) ANSILIERO, Graziela. *Evolução, determinantes e efeitos da proteção social entre idosos no Brasil*. Ministério da Previdência Social. Informe de Previdência Social, v. 20, n. 90, setembro de 2008, p. 4.
(256) BRASIL, MPS. *Op. cit.*, p. 98.

Isto significa que as transferências previdenciárias foram responsáveis pela retirada de aproximadamente 22,58 milhões de pessoas, de todas as faixas etárias, da condição de pobreza. Este impacto dos benefícios da Previdência sobre a pobreza se concentra, naturalmente, na população idosa, tendo em vista que a função básica de benefícios deste tipo é substituir a renda do trabalhador contribuinte, quando este perde a capacidade de trabalho. Embora a redução da pobreza decorrente da expansão da Previdência Social atinja todas as faixas etárias, a renda previdenciária privilegia, sobretudo, aqueles com idade superior aos 55 anos.[257]

O gráfico abaixo ilustra a importância da Previdência Social na redução da pobreza. Considerando as transferências previdenciárias, a pobreza brasileira concentra-se entre as crianças e jovens. Mais de 50% das crianças vivem em domicílios onde a renda *per capita* é menor que meio salário mínimo, ao passo que o mesmo ocorre somente com 10% dos idosos. Vemos também que o efeito das transferências previdenciárias entre os jovens é bem menor do que entre os idosos — enquanto cerca de 50% dos idosos deixam a linha de pobreza em virtude das transferências previdenciárias, menos de 10% das crianças têm a mesma sorte.[258] Possivelmente, a pensão por morte é o benefício previdenciário que retira essa — ainda que pequena — parcela das crianças e jovens da pobreza.

Gráfico 5 — Percentual de pessoas com menos de ½ salário mínimo de renda domiciliar *per capita* no Brasil, por idade, considerando-se e não se considerando a renda previdenciária — 2008

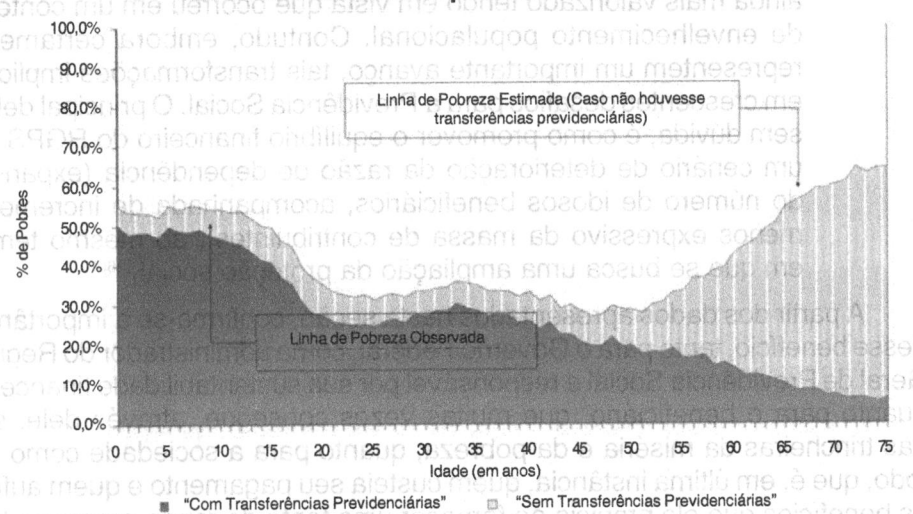

Fonte: Microdados da PNAD/IBGE — 2008.
Elaboração: CGEP/DRGPS/SPS/MPS.

---

(257) *Ibid.*, p. 102.
(258) *Ibid.*, p. 103.

Uma pequena parcela dos aposentados idosos tem outra ocupação. Não foi possível obter dados sobre a parcela de pensionistas idosos que têm outra ocupação, pois os dados da PNAD disponibilizados pelo IBGE mostram essa informação apenas para os aposentados: 18,5% destes desempenham alguma atividade econômica, sendo 27,5% no caso dos homens e 11,5% no caso das mulheres. Ansiliero[259] acrescenta que os dados para o período de 1992-2007 ainda confirmam a tendência de menor participação de beneficiários da Previdência Social no mercado de trabalho, como meio de complementação de renda, vis-à-vis os não beneficiários, o que significa que a renda oriunda da previdência é a parte predominante na renda total dos idosos beneficiários.

Ainda que com cobertura previdenciária menor que a dos homens, a proteção às mulheres tem aumentado ao longo dos anos e a pensão por morte, por ser um benefício eminentemente feminino, desempenha papel importante para esta parcela da população.

Essas informações mostram que a Previdência Social é um importante instrumento de inclusão social de idosos no país, e também, ainda que em menor medida, de crianças e jovens. A pensão por morte é um benefício relevante para a proteção da população feminina, que perfaz a maioria absoluta dos pensionistas brasileiros.

Ansiliero mostra que houve avanços na proteção social dos idosos no Brasil no período de 1992 a 2007, mas este avanço vem acompanhado de desafios para o futuro:

> [o aumento da proteção social aos idosos é um] fato que deve ser ainda mais valorizado tendo em vista que ocorreu em um contexto de envelhecimento populacional. Contudo, embora certamente representem um importante avanço, tais transformações implicam em crescentes desafios para a Previdência Social. O principal deles, sem dúvida, é como promover o equilíbrio financeiro do RGPS em um cenário de deterioração da razão de dependência (expansão do número de idosos beneficiários, acompanhada de incremento menos expressivo da massa de contribuintes), ao mesmo tempo em que se busca uma ampliação da proteção social.[260]

A partir dos dados apresentados nesta seção, confirma-se a importância desse benefício, tanto para o Governo Federal, como administrador do Regime Geral de Previdência Social e responsável por sua sustentabilidade financeira; quanto para o beneficiário, que muitas vezes consegue, através dele, sair das trincheiras da miséria e da pobreza; quanto para a sociedade como um todo, que é, em última instância, quem custeia seu pagamento e quem aufere os benefícios que ele propicia ao fornecer uma fonte de renda permanente a significativa parcela da população brasileira.

---

(259) ANSILIERO. *Op. cit.*, p. 10.
(260) *Ibid.*, p. 10.

CONCLUSÕES — PROPOSTAS PARA REFORMULAÇÃO DO BENEFÍCIO

As conclusões dos trabalhos desenvolvidos apontam a necessidade de reformulação do benefício de pensão por morte.

Pudemos observar que a pensão é um dos benefícios de maior relevância dentre as prestações da Previdência Social brasileira, o que fica claro quando se considera que, em número de benefícios, somente é superada pelas aposentadorias por idade.

A pensão atende, substancialmente, a dois grupos da população que merecem especial atenção: crianças e adolescentes, de um lado — grupo em que o benefício atende tanto homens quanto mulheres, sem diferença significativa — e, de outro lado, idosos, em que o público feminino supera por diversas vezes o masculino. Assim, é possível afirmar que, no que tange a este grupo, a pensão é um benefício eminentemente feminino.

Verificamos, também, que os benefícios previdenciários, com especial destaque para a pensão por morte, são importantes fontes de rendimento para a população brasileira, especialmente a idosa.

No entanto, a despeito da grande relevância e importância desse benefício para o conjunto da sociedade brasileira, observamos que as regras de elegibilidade e cálculo do benefício podem ser revistas. A seguir apresentaremos algumas alterações que visam corrigir distorções hoje existentes, conferir maior segurança jurídica na aplicação das regras legais, atualizar determinadas regras aos avanços verificados em nossa sociedade e, especialmente, estruturar o benefício de forma justa, consistente e isonômica, de maneira a amparar adequadamente aqueles que mais necessitam do benefício para sua sobrevivência.

As propostas apresentadas a seguir buscam aplicar ao benefício os princípios constitucionais da seletividade, universalidade e solidariedade. Procuram dar efeito à seletividade ao melhor selecionar, dentre o total da população brasileira, quais os indivíduos mais necessitados da pensão por morte, e em que condições. Neste ponto, a seletividade está relacionada à escolha dos melhores critérios para identificar os beneficiários deste programa social, possibilitando assim que se busque a universalidade, ou seja, atender a todos os indivíduos que se enquadrem nessas condições, de forma justa e equânime.

As propostas adiante partem das seguintes premissas: (a) com o falecimento de um membro do núcleo familiar, determinados custos da família se reduzem, ao passo que outros mantêm-se inalterados; (b) os filhos menores devem sempre ser amparados; (c) o beneficiário que tem possibilidade de ingressar ou retornar ao mercado de trabalho deve ser incentivado a fazê-lo; (d) o beneficiário que tem renda própria, seja decorrente de trabalho ou aposentadoria, depende menos do rendimento do falecido e deverá ter a pensão calibrada em razão de sua renda; (e) o ex-cônjuge ou ex-companheiro(a) não pode ter sua situação beneficiada com a morte do "ex"; (f) atuais exigências injustificadas devem ser suprimidas e avanços sociais já consagrados devem ser contemplados.

As melhorias seriam as seguintes:

a. Exigência da comprovação de dependência econômica perante o segurado por todos os dependentes maiores de 18 anos. Filhos menores teriam dependência econômica presumida, sem possibilidade de prova em contrário, visto a necessidade de proteção à criança e ao adolescente. Até os 18 anos, os indivíduos ainda se encontram em um estágio de desenvolvimento físico, mental e social de extrema importância na definição de seu futuro papel na sociedade, sendo salutar o amparo previdenciário a eles, mesmo que já demonstrem indicativos de independência econômica. Porém, quando se trata de pessoas maiores de idade, plenamente capazes para os atos da vida civil e com capacidade de trabalho ou que tenham outras fontes de rendimento, é imprescindível contrapor a necessidade dos sobreviventes aos princípios da solidariedade e da seletividade. Direcionar benefícios, financiados por toda a sociedade, a pessoas que detêm capacidade de geração de renda e que muitas vezes se encontram efetivamente inseridas no mercado de trabalho, significa direcionar recursos públicos a pessoas que podem prover seu sustento por seus próprios meios.

b. Exigência, para qualificação do cônjuge ou companheiro como dependente previdenciário, de tempo mínimo de união, dispensada a comprovação se o falecimento decorrer de acidente ou enfermidade contraída ou manifestada após a união. Trata-se de medida que visa proteger uniões genuínas, evitando fraudes. A experiência internacional pesquisada traz diversos exemplos dessa exigência. Não tendo a união atingido o prazo mínimo, pode ser concedida pensão temporária para o(a) viúvo(a), independentemente de sua idade.

c. Previsão expressa na legislação do direito ao(à) companheiro(a) homossexual, nas mesmas condições aplicáveis ao(à) companheiro(a) heterossexual. Em se tratando de união baseada na convivência pública, contínua e duradoura entre duas pessoas, com fortes laços afetivos entre si, que mutuamente se respeitam e que constroem uma comunhão plena de vida, há que ser assegurado, a ambos os companheiros independentemente do sexo, a partilha dos bens, o direito a alimentos, à herança e à previdência, entre outros. O reconhecimento dos efeitos patrimoniais de uniões estáveis homossexuais decorre do princípio constitucional da dignidade da pessoa humana.

d. Exclusão do requisito não emancipação para habilitação de filhos, irmãos e equiparados, a fim de propiciar tratamento isonômico entre todos os habilitados ao benefício. Conforme explorado nesta obra, o casamento, o exercício de cargo público, a colação de grau em curso de ensino superior e a existência de economia própria em decorrência de relação de emprego ou empreendedorismo atualmente implicam a perda da qualidade de dependente para os menores de 18 anos, mas nenhum efeito geram para os dependentes acima dessa idade. Estamos diante de uma regra que gera uma grande distorção entre os dependentes do segurado, pois penaliza injustificadamente menores de 18 anos — justamente aqueles que deviam ser mais protegidos — e nada implica para dependentes maiores dessa idade que incorrem nessas situações.

e. Previsão expressa, quanto ao menor tutelado, da continuidade da qualificação como dependente até os 21 anos, desde que tutelado pelo segurado até o dia em que completou 18 anos ou até o falecimento do segurado, caso este tenha ocorrido anteriormente. Tal medida visa evitar dúvidas na aplicação da legislação previdenciária, face à alteração da idade limite para a tutela em razão do Código Civil de 2003. Se tutelados são equiparados a filhos, não há razão para diferenciar estes daqueles, mantendo o direito à pensão para filhos até 21 anos e extinguindo o direito dos tutelados aos 18 anos.

f. Exigência de carência para concessão do benefício, exceto em caso de falecimento por acidente ou enfermidade contraída ou manifestada posteriormente à filiação, mas sendo em qualquer caso necessária a qualidade de segurado por ocasião do óbito. A experiência internacional mostra que a carência é amplamente utilizada — inclusive o foi no sistema brasileiro por muitas décadas — com a finalidade de evitar fraudes e dar solidez e segurança ao sistema previdenciário.

g. Alteração na forma de cálculo do benefício. Definição de regra que leve em consideração a quantidade de membros que compõem o grupo familiar, de maneira a conceder percentual mais elevado aos grupos familiares compostos por maior número de pessoas. Com a perda de um membro do núcleo familiar, determinadas despesas simplesmente se extinguem, enquanto outras mantêm-se inalteradas.

Natural — e plenamente justificável — seria que somente parcela da renda do falecido continuasse ingressando. Não é, no entanto, o que ocorre em nosso país. Foi pesquisada a experiência de 14 países e o Brasil é o único em que o valor do benefício de pensão por morte é sempre equivalente à totalidade da aposentadoria do falecido. A adoção de critério que leve em consideração a quantidade de dependentes do segurado falecido, bem como alguns indicadores de capacidade laborativa e de geração de renda por parte dos beneficiários, propiciaria ganhos ao sistema previdenciário, pois permitiria selecionar melhor os beneficiários e aumentaria a solidariedade do sistema, direcionando os limitados recursos públicos disponíveis àqueles indivíduos mais necessitados da proteção. Por exemplo, a pensão pode ser calculada mediante uma parcela fixa, no valor de 60% da aposentadoria recebida ou da aposentadoria por invalidez a que o falecido teria direito no momento do óbito, e tantas parcelas de 10% quantos fossem os dependentes habilitados, limitado a 100%. O valor assim calculado seria dividido, em partes iguais, entre todos os dependentes habilitados ao benefício. Por ocasião da perda da qualidade de pensionista por qualquer dependente, o valor do benefício seria recalculado, aplicando novamente a fórmula e dividindo o valor obtido em partes iguais entre todos os pensionistas remanescentes.

h. Pensão temporária para cônjuges ou companheiros, não inválidos, abaixo de determinada idade. Vimos na análise de sistemas estrangeiros que esta é uma medida adotada em alguns países. O objetivo é amparar jovens viúvos(as), durante um certo período, permitindo-lhes reorganizar a vida e ingressar, ou continuar, no mercado de trabalho. As pensões por morte vitalícias seriam destinadas a cônjuges ou companheiros que, na data do falecimento do segurado, tivessem idade superior a um limite que pressupostamente inviabilizaria ou dificultaria o ingresso desses(as) viúvos(as) no mercado de trabalho, ou em caso de invalidez.

i. Ex-cônjuges ou ex-companheiros(as) concorreriam em igualdade de condições com os demais beneficiários, mas em qualquer caso o valor da pensão por morte seria limitado ao valor da pensão alimentícia que o segurado lhe pagava em vida. O objetivo é acabar com a distorção da regra atual, que gera uma melhoria na situação econômica do "ex" após o falecimento do segurado em detrimento do núcleo familiar que o falecido mantinha no momento do óbito. A pensão ao "ex" seguiria as mesmas regras de duração da pensão ao cônjuge: temporária para aqueles abaixo de determinado limite etário e vitalícia nos demais casos.

j. Menor sob guarda. Face ao silêncio da legislação sobre o direito do menor sob guarda à pensão em caso de falecimento de seu guardião, deve haver previsão do pagamento no caso de guarda como medida liminar ou incidental em processos de adoção ou tutela (art. 33, § 1º, ECA). Nestas hipóteses, vindo o guardião a falecer antes de efetivada a adoção ou tutela, há que se entender pelo deferimento do direito do menor à pensão por morte de seu guardião, especialmente caso efetivada a adoção *post mortem,* que é prevista no § 6º do art. 42 do ECA. Não se mostraria legítimo penalizar o menor pelo fato do evento de risco — falecimento — ter ocorrido enquanto pendente um processo judicial que deve observar ritos e prazos previstos em lei.

k. Extinção do direito ao benefício em caso de novo casamento ou estabelecimento de união estável pelo pensionista. Com a nova união do pensionista, a codependência e a obrigação de mútua assistência se deslocam para o novo casal, extinguindo-se o papel do antigo provedor — fosse ele o pai, a mãe, o cônjuge, o irmão ou o filho. Há um núcleo familiar jurídica e socialmente reconhecido, que deve assumir os papéis que lhe são inerentes, entre eles o papel do amparo econômico. A sociedade não deve financiar determinadas famílias com base no fundamento que, um dia, no passado, um dos elementos do casal foi viúvo, ou órfão ou perdeu o filho ou o irmão. Não há razão para que a previdência sustente núcleos familiares outros que não o do segurado falecido.

l. Para pensionistas acima de 18 anos de idade, o valor do benefício deve estar relacionado aos rendimentos que o pensionista recebe de outras fontes, especialmente renda do trabalho. Quanto maiores fossem os rendimentos do pensionista, menor seria o valor a receber a título de pensão por morte, buscando-se um meio-termo que permitisse o incentivo ao ingresso e permanência no mercado de trabalho do beneficiário e a adequada proteção previdenciária, especialmente a beneficiários de baixa renda. Prestigiar-se-ia a atenção àqueles que efetivamente necessitam do benefício.

m. Vedação à acumulação entre aposentadoria e pensão, bem como a vedação à acumulação de duas ou mais pensões por morte, exceto no caso de filhos órfãos de pai e mãe, facultada em qualquer caso a escolha pelo benefício mais vantajoso. Esta proposta está relacionada à de exigência de comprovação de dependência econômica para todos os maiores de 18 anos e de ajuste do valor do benefício em função das outras rendas auferidas pelo beneficiário. Busca-se direcionar melhor a proteção previdenciária. No caso, a dupla proteção é tão nociva socialmente quanto a não proteção. Os recursos direcionados ao pagamento a um beneficiário que já se encontra devidamente amparado poderiam ser melhor direcionados a outros que estão sem amparo algum.

REFERÊNCIAS BIBLIOGRÁFICAS

ANSILIERO, Graziela. *Evolução, determinantes e efeitos da proteção social entre idosos no Brasil.* Ministério da Previdência Social. Informe de Previdência Social, v. 20, n. 90, setembro de 2008, p. 1-10.

ASSIS, Armando de Oliveira. *Compêndio de seguro social.* Rio de Janeiro: Fundação Getúlio Vargas, 1963.

AUDE, Patrícia Moraes. *A união estável à luz do novo código civil.* Dissertação (Mestrado em Direito). São Paulo: Faculdade de Direito da Universidade de São Paulo, 2005.

_____. *Estatuto da família de fato* — de acordo com o novo código civil Lei n. 10.406, de 10.1.2002. 2. ed. São Paulo: Atlas, 2002.

AURVALLE, Luís Alberto d'Azevedo. A pensão por morte e a dependência econômica superveniente. *Revista do Tribunal Regional Federal da 4ª Região*, Porto Alegre, v. 64, p. 19-25, 2007.

BARROS, Vera Regina Cotrim. *Pensão por morte no regime geral da previdência social.* Dissertação (mestrado em Direito). São Paulo: Pontifícia Universidade Católica de São Paulo — PUC/SP, 2008.

BARROS JR., Cássio de Mesquita. *Previdência social urbana e rural.* São Paulo: Saraiva, 1981.

BELTRÃO, Kaizô Iwakami; OLIVEIRA, Francisco Eduardo Barreto de. *The brazilian social security system.* Texto Para Discussão n. 775. Brasília: IPEA, dezembro de 2000.

BOCHENEK, Antônio César. Benefícios devidos aos dependentes do Regime Geral da Previdência Social. In: ROCHA, Daniel Macho; SAVARIS, José Antonio (coords.). *Curso de especialização em direito previdenciário.* Curitiba: Juruá, 2007. v. 2, p. 321-362.

BOLLMANN, Vilian. Lei n. 9.032/1995: eficácia retrospectiva do aumento do coeficiente da pensão por morte. *Revista de Previdência Social*, São Paulo, v. 28, n. 286, p. 797-805, set. 2004.

BRASIL. Ministério da Previdência Social. *Previdência Social:* reflexões e desafios. Brasília: MPS, 2009. 232 p. — (Coleção Previdência Social, Série Estudos; v. 30, 1. ed.)

CAETANO, Marcelo Abi-Ramia. *Determinantes da sustentabilidade e do custo previdenciário:* aspectos conceituais e comparações internacionais. Texto Para Discussão n. 1226. Brasília: IPEA, outubro de 2006.

CAMARANO, Ana Amélia; KANSO, Solange. Dinâmica da população brasileira e implicações para a previdência social. In: TAFNER, Paulo; GIAMBIAGI, Fabio. *Previdência no Brasil:* debates, dilemas e escolhas. Rio de Janeiro: Ipea, 2007. Cap. 3, p. 95-137.

CASTRO, Carlos Alberto Pereira de; LAZZARI, João Batista. *Manual de direito previdenciário.* 3. ed. São Paulo: LTr, 2002.

CESARINO JR., A. F. *Direito social brasileiro.* 6. ed. Ampliada e atualizada com a colaboração de Marly A. Cardone. São Paulo: Saraiva, 1970. v. 1.

COIMBRA, J.R. Feijó. *Direito previdenciário brasileiro.* 6. ed. Rio de Janeiro: Edições Trabalhistas, 1996.

CORREIA, Marcus Orione Gonçalves; CORREIA, Erica Paula Barcha. *Curso de direito da seguridade social.* 3. ed. rev. ampliada e atualizada. São Paulo: Saraiva, 2007.

COSTA, Décio Ribeiro. *Manual dos contribuintes do I.A.P.C.* Rio de Janeiro: Record, 1959.

CRISPINO, Nicolau Eládio Bassalo. *A união estável e a situação jurídica dos negócios entre companheiros e terceiros.* Dissertação (Mestrado em Direito). São Paulo: Faculdade de Direito da Universidade de São Paulo, 2005.

DAL BIANCO, Dânae. *Princípios constitucionais da Previdência Social.* São Paulo: LTr, 2011.

DAL BIANCO, Dânae; OLIVEIRA, Heraldo Gilberto de; LIMA, Iran Siqueira; CECHIN, José. *Previdência de servidores públicos* — inclui comentários à reforma do Estado de São Paulo. São Paulo: Atlas, 2009.

DEMO, Roberto Luís Luchi; SOMARIVA, Maria Salute. Pensão por morte previdenciária — Aspectos materiais e processuais, atualidades, sucessão legislativa e jurisprudência dominante. *Revista de Previdência Social*, São Paulo, v. 29, n. 293, p. 239-45, abr. 2005.

DERZI, Heloísa Hernandez. *Os beneficiários da pensão por morte:* Regime Geral de Previdência Social. São Paulo: Lex, 2004.

DIAS, Eduardo Rocha; MACÊDO, José Leandro Monteiro de. *Curso de direito previdenciário.* 2. ed. São Paulo: Método, 2010.

DIAS, Maria Berenice. *União homossexual* — o preconceito & a justiça. Porto Alegre: Livraria do Advogado, 2000.

DINIZ, Maria Helena. *Curso de direito civil brasileiro* direito de família. 18. ed. aumentada e atualizada de acordo com o novo Código Civil. São Paulo: Saraiva, 2002. v. 5.

FELIPE, J. Franklin Alves. *Adoção, guarda, investigação de paternidade e concubinato.* Rio de Janeiro: Forense, 2000.

FIGUEIRÊDO, Luiz Carlos de Barros. *Guarda* — Estatuto da Criança e do Adolescente — Questões Controvertidas. Curitiba: Juruá, 2000.

FOLMANN, Melissa (coord.). *Previdência nos 60 anos da declaração de direitos humanos e nos 20 da Constituição Brasileira.* Curitiba: Juruá, 2008.

GAMA, Guilherme Calmon. *A Constituição de 1988 e as pensões securitárias no direito brasileiro*. São Paulo: LTr, 2001.

GIAMBIAGI, Fábio. *Reforma da Previdência:* o encontro marcado. Rio de Janeiro: Elsevier, 2007.

GOES, Hugo Medeiros de. *Manual de direito previdenciário*. 3. ed. Revista, ampliada e atualizada. Rio de Janeiro: Ferreira, 2009.

GONÇALES, Odonel Urbano. *Manual de direito previdenciário*. 12. ed. São Paulo: Altas, 2007.

HORVATH JÚNIOR, Miguel. *Direito previdenciário*. 3. ed. São Paulo: Quartier Latin, 2003.

IBGE — INSTITUTO BRASILEIRO DE GEOGRAFIA E ESTATÍSTICA. *Síntese de indicadores sociais:* uma análise das condições de vida da população brasileira — 2009. Rio de Janeiro: IBGE, 2009.

IBRAHIM, Fábio Zambitte. *Curso de direito previdenciário*. 13. ed. Rio de Janeiro: Impetus, 2008.

LEITE, Celso Barroso; VELLOSO, Luiz Assumpção Paranhos. *Previdência Social*. Rio de Janeiro: Zahar Editores, 1963.

MARTINEZ, Wladimir Novaes. *A Seguridade Social na Constituição Federal:* de acordo com a Lei n. 8.212/91 e Lei n. 8.213/91. São Paulo: LTr, 1992.

_____. *Comentários à Lei Básica da Previdência Social* — Tomo II — Plano de Benefícios: Lei n. 8.212/91, Decreto n. 2.172/97. 4. ed. São Paulo: LTr, 1997.

_____. *Princípios de direito previdenciário*. São Paulo: LTr, 1982.

_____. *A união homoafetiva no direito previdenciário*. São Paulo: LTr, 2008.

MARTINS, Sergio Pinto. *Direito da seguridade social*. 24. ed., 2ª reimpressão. São Paulo: Atlas, 2007.

_____. Menor sob guarda e sua condição de dependente para a previdência social. *Revista de Previdência Social*, São Paulo, v. 24, n. 236, p. 667-8, jul. 2000.

OISS — Organización Iberoamericana de Seguridad Social. *Banco de Información de los Sistemas de Seguridad Social Iberoamericanos*. Madrid: OISS, 2007.

OLIVEIRA, Moacyr Velloso Cardoso de. *A Previdência Social brasileira e a sua nova Lei Orgânica*. Rio de Janeiro: Distribuidora Record Editora, 1961.

_____. *Noções de legislação de previdência e do trabalho*. Rio de Janeiro: ABC, 1937.

PASTOR, Jose Manuel Almansa. *Derecho de la seguridad social*. 7. ed. Madrid: Editorial Tecnos, 1991.

PEREIRA, Caio Mário da Silva. *Instituições de direito civil*. Introdução ao direito civil: teoria geral do direito civil. 21. ed. Rio de Janeiro: Forense, 2006. v. 1.

_____. *Instituições de direito civil*. Direito de família. 16. ed. Rio de Janeiro: Forense, 2007. v. 5.

PIETERS, Danny. *Introducción al derecho de la seguridad social de los países miembros de la comunidad económica europea*. Tradução de Eduardo Larrea Santaolalla. Madrid: Editorial Civitas, 1992.

PIZZOLATTI, Rômulo. Rui Barbosa, Lima Barreto e um atual tema antigo. *Revista do Tribunal Regional Federal da 4ª Região*, v. 19, n. 69, set. 2008.

RAMALHO, Marcos de Queiroz. *A pensão por morte no Regime Geral de Previdência Social*. 2. ed. São Paulo: LTr, 2010.

RAMOS, Elival da Silva. *A proteção aos direitos adquiridos no direito constitucional brasileiro*. São Paulo: Saraiva, 2003.

ROCHA, Daniel Machado da. O direito dos cônjuges e dos companheiros ao benefício de pensão por morte no Regime Geral. In: FOLMANN, Melissa; FERRARO, Suzani Andrade (coords.). *Previdência*: entre o direito social e a repercussão econômica no século XXI. Curitiba: Juruá, 2009. p. 85-101.

ROSSI, Alexandre Chedid. Novas regras civilistas sobre emancipação do menor e seus reflexos no direito material e processual do trabalho: análise, conceito e caracterização da economia própria derivada da relação de emprego. *Revista do Tribunal Regional do Trabalho da 15ª Região*, Campinas, n. 25, p. 78-91, 2004.

RUSSOMANO, Mozart Vitor. *Curso de Previdência Social*. 2. ed. Revista e atualizada. Rio de Janeiro: Forense, 1983.

SALVIANO, Maurício de Carvalho. Dos alimentos gravídicos: nova categoria de dependentes do segurado, frente à Previdência Social. *Revista de Previdência Social*, São Paulo, v. 32, n. 337, p. 927-934, dez. 2008.

_____. Presunção de dependência econômica do dependente do segurado no regime previdenciário. *Revista de Previdência Social*, São Paulo, v. 28, n. 286, p. 817-21, set. 2004.

SANDIM, Emerson Odilon. *Temas polêmicos de direito previdenciário*: com soluções práticas. São Paulo: LTr, 1997.

SILVA, José Luiz Mônaco da. *A família substituta no Estatuto da Criança e do Adolescente*. São Paulo: Saraiva, 1995.

SIMÃO, Luciano Dib; SPENGLER, Luiz Alberto. Reajustamento de pensões: incidência imediata da nova lei. *Revista de Previdência Social*, São Paulo, v. 28, n. 279, p. 133-4, fev. 2004.

SSA — SOCIAL SECURITY ADMINISTRATION. *Social Security Programs Throughout The World: Americas, 2009*. Washington, DC: SSA Publication, 2010.

SSA — SOCIAL SECURITY ADMINISTRATION. *Social Security Programs Throughout The World: Europe, 2008*. Washington, DC: SSA Publication, 2008.

SOUZA, Fábio. Pensão por morte para ex-cônjuge no regime geral de previdência social. *Revista de Previdência Social*, São Paulo, v. 32, n. 332, p. 549-58, jul. 2008.

SÜSSEKIND, Arnaldo. *Previdência social brasileira*. São Paulo: Livraria Freitas Bastos, 1955.

TAFNER, Paulo. Seguridade e Previdência: conceitos fundamentais. In: TAFNER, Paulo; GIAMBIAGI, Fabio. *Previdência no Brasil:* debates, dilemas e escolhas. Rio de Janeiro: Ipea, 2007. Cap. 1, p. 29-63.

VAN GINNEKEN, Wouter. Extensión de la seguridad social. Políticas para los países en desarrollo.*Revista Internacional del Trabajo.* Genebra, OIT, v. 122, n. 3. 2003.

VELOSO, Zeno. *Código civil comentado:* direito de família, alimentos, bem de família, união estável, tutela e curatela: arts. 1.694 a 1.783. Coord. Álvaro Villaça Azevedo. São Paulo: Atlas, 2003. v. XVII.

VENOSA, Sílvio de Salvo. *Direito Civil:* parte geral. 7. ed. São Paulo: Atlas, 2007. v.1.

_____. *Direito Civil, Direito de Família.* 7. ed. São Paulo: Atlas, 2007. v. 6.

VENTURI, Augusto. *Los fundamentos científicos de la seguridad social.* Madrid: Ministerio de Trabajo y Seguridad Social, 1994.

VIANNA, João Ernesto Aragonés. *Curso de direito previdenciário.* 3. ed. São Paulo: Atlas, 2010.

VIANNA, Salvador Werneck et al. *Carga tributária direta e indireta sobre as unidades familiares no Brasil:* avaliação de sua incidência nas grandes regiões urbanas em 1996. Brasília: Ipea, 2000 (Texto para Discussão n. 757).

Sites e Bases de dados on-line pesquisados:

BRASIL. IBGE — INSTITUTO BRASILEIRO DE GEOGRAFIA E ESTATÍSTICA. *Projeção da População do Brasil por Sexo e Idade — 1980 — 2050 — Revisão 2008.* Rio de Janeiro: IBGE, 2008c. Disponível em: <http://www.ibge.gov.br>. Acesso em: 30 nov. 2009.

BRASIL. IBGE — INSTITUTO BRASILEIRO DE GEOGRAFIA E ESTATÍSTICA. *Tábua Completa de Mortalidade — Sexo masculino, Sexo feminino, Ambos os sexos — 2008.* Rio de Janeiro: IBGE, 2008b. Disponível em: <http://www.ibge.gov.br>. Acesso em: 14 ago. 2010.

BRASIL. MPS — MINISTÉRIO DA PREVIDÊNCIA SOCIAL. *Anuário Estatístico da Previdência Social (AEPS) de 2009.* 2010a. Disponível em: <http://www3.dataprev.gov.br/infologo/> Acesso em: 14 ago. 2010.

BRASIL. MPS — MINISTÉRIO DA PREVIDÊNCIA SOCIAL. *Anuário Estatístico da Previdência Social (AEPS) de 2008.* 2009. Disponível em: <http://www3.dataprev.gov.br/infologo/> Acesso em: 25 maio 2009.

BRASIL. MPS — MINISTÉRIO DA PREVIDÊNCIA SOCIAL. *Anuário Estatístico da Previdência Social (AEPS) de 2007.* 2008. Disponível em: <http://www3.dataprev.gov.br/infologo/> Acesso em: 25 maio 2009.

BRASIL. MPS — MINISTÉRIO DA PREVIDÊNCIA SOCIAL. *Boletim Estatístico da Previdência Social (BEPS)*, 15, n. 9, set. 2010. 2010b. Disponível em: <http://www.mps.gov.br> Acesso em: 17 nov. 2010.